這個謎，無解

細思極恐的57則世界謎團

潘于真 著

◎外星人曾向地球發送訊號嗎？

◎真的有「水晶骷髏」嗎？

◎古代究竟有沒有核子武器？

◎所羅門王的寶藏究竟藏於何處？

這個謎，無解

細思極恐的 57 則世界謎團

目錄

前言

UFO 傳奇

生命探祕

地理祕境

目錄

自然之謎

遠古追蹤

目錄

前言

愛因斯坦曾經說過：「我們能感受到的最美妙的事物就是奧祕。」在所有的奧祕背後，隱藏的眾多傳說、猜測、推理、甚至謊言。而面對這些神祕領域和謎團，世界科學家、歷史學家、地質學家等都在不斷努力。那麼，他們對於這些神祕的現象都有著怎樣的認識、研究和探索呢？已經、或即將公之於世的最新研究成果有哪些呢？我們不熟悉、但會引起我們強烈探奇欲望的新生祕境還有哪些呢？

人類文明和科技的發展，需要人類不斷的探索與追求，同時只有人類不斷探索與追求，科學技術才能在日積月累的過程中厚積薄發。不管是發展世界，還是發現大自然、探索宇宙，都需要我們不斷地探求。我們要承認的是：世界上存在著諸多難以解釋的事物與現象，而它們的存在，也改變了我們對世界的習慣性認識。以我們現有的科學文化水準和智慧，對某些現象還無法恰如其分的解釋，但是我們不能否認的是，這些難以解釋的事物與奇妙現象確實存在。

比如，外星人究竟是否真的存在？神農架的野人是怎麼回事？人類演化史上為何有一段空白？數公里水深、上百度高溫、有毒無氧的環境下，有誰可以生存？神祕的百慕達三角為何怪事連連？通古斯大爆炸究竟誰是始作俑者？時空隧道是否真的存在？金字塔石門背後隱藏著怎樣的祕密？所羅門王的寶藏究竟藏於何處……所有的這些，都足以激起廣大讀者的強烈好奇心和求知欲。

本書涉獵宇宙傳奇、生命探祕、地質學、考古學、氣象學等多項科學，全景展示仍未破譯的地球神祕畫卷，從而帶領讀者進入一個由未知構成、謎一般的世界，並一同尋找祕境的出口。精心彙集了世界上各領域探索的最新研究成果，涉及宇宙、海洋、大陸、宗教、生命、失落文明、古國沉沒等一系列懸謎，能大大滿足讀者的好奇心和想像力。

UFO 傳奇

不明飛行物闖入人類視野

UFO 是英文 Unidentified Flying Object 的簡寫，中文解釋為不明飛行物，古代稱「星槎」，現在通成稱「飛碟」，UFO 是國際通稱。

在空中或離地面不高的半空中，UFO 能夠懸停在那裡紋絲不動，並且全然看不到能淩空懸停的任何機械設備，是它們常見的一種飛行姿態。顯然，UFO 的懸停不是依靠直升機那樣的螺旋槳，也不是利用普通飛機飛行時所借的空氣浮力，也不使用普通噴射機產生的噴氣推動力，因為它們飛行時既沒有煙團也沒有氣流。UFO 擁有某種機械裝置，能夠抵消引力，這是幾乎每個 UFO 研究者的共識。

那麼，事實真的如此嗎？

○ 對 UFO 的種種爭論

引起科學界論爭的不明飛行物目擊事件，自一九四〇年代末起越來越多。對於 UFO，還並未形成一種權威的看法，因為它們不是一種可再現、或至少不是會經常出現的事物，沒有檢驗的統一標準。在對 UFO 持否定態度的科學家看來，這不過是人的幻覺，或者是目擊者對自然現象的一種曲解，不明飛行物並不是真實存在，所以即使有很多目擊報告，仍不可信，甚至把飛碟學視為偽科學。

而持肯定態度的人自然是認為，不明飛行物真實存在，不過，許多專家並不能肯定 UFO

就是外星船。還有些學者認為，已知的基本科學規律，不適用於許多飛碟現象，它至今未能被現代科學家承認的主要原因，就在於解釋飛碟現象時的理論困難，但不能因此就輕易否定這種現象。

○ UFO的第一次媒體露相

儘管很早就有關於「飛碟」的記載，但第一次將它們描述為「飛碟」的報導，是在一九四七年六月二十四日。當時，肯尼士．阿諾德（Kenneth A. Arnold）曾為美國空軍飛行員，他退役後經營一家滅火器材公司。

這天他駕駛一架私人飛機飛臨羅切斯山脈附近，尋找一架海軍陸戰隊 C-46 型運輸機並施救，這架運輸機在此地失蹤。當阿諾德駕駛的飛機到達海拔四千三百九十一公尺的雷尼爾峰附近，一束非常刺眼的光線射入他的眼簾。阿諾德稱，當時他發現在機翼左側，自鄰近的貝克山飛來九個明亮的物體，速度極快。

「它們的形狀不像飛機，我從未見過這樣的飛行器……像一種碟子，就像打水漂玩的那種碟子。」阿諾德稱。

阿諾德的飛行經驗非常豐富，他利用碼錶算出這群不明飛行物的速度，達到了兩千七百公里／小時，非常不可思議，因為當時任何飛機都不可能達到這種速度。而與阿諾德同時，地質探勘人員弗雷德．詹森也在同一地區目睹了這一景觀。次日，新聞媒體用「飛碟」一詞報導阿諾德的發現。

自此以後，「飛碟」一詞便作為「不明飛行物」的同義詞，而為全世界的公眾接受。一時之間，「飛碟」也成了美國各大報刊競相報導的頭條新聞，並很快向澳洲、加拿大擴展。

一九五〇年三月十七日夜裡，美國新墨西哥州的法明頓小鎮也突然沸騰起來，一大群碟子一般的東西，靜靜懸在晴朗的夜空中。面對這一奇異景象，人們驚慌失措，不知如何是好。市長則高聲數著空中的碟形物，發現居然有五百個之多。突然，空中原本懸停的「飛碟」似乎是接到了統一命令，組成一個整齊的隊形，倏然向東而去消失。

○ 新疆五地連續發現 UFO

二〇〇六年六月二十四日晚上十一點十六分，新疆奎屯市市民徐勝在路邊跟鄰居聊天時，突然發現一個發光物體出現在西面天空，臉盆大小，非常亮，該物體以極快的速度由東向西劃過，歷時七八秒鐘後就消失了。當時的情景，徐勝還有用手機拍下來。

幾近同時，當天晚上十一點十六分四十秒，不明飛行物也出現在了烏蘇市車排子鎮以西一公里西北方向的天空。目擊者稱，這個不停旋轉的不明飛行物距地面高度約三到五公里，四角各有一個亮點，歷時約一分鐘後消失。

一分鐘後，不明飛行物又在距奎屯市上百公里的呼圖壁縣被發現。十一點十八分，計程車司機張國印發現有個臉盆大小的亮光，在北面的天空運動，這亮光中間、碗口大小的部分最亮，呈白色，四周稍暗。亮光運動的速度很快，歷時十幾秒後消失。

緊接著，不明發光飛行物也出現在了塔城市阿西爾鄉的莫湖麓，沿邊境線的塔爾巴哈台山脈頂上。據目擊者稱，他們發現時是十一點二十一分三十二秒，發光飛行體自西向東平行掠過，呈放射性三角形，約四十秒後消失。

烏蘇市市民蘇先生搭公車時，也發現了天空中有一個不明發光物體由北向南飛行，籃球大小，速度極快。

僅僅兩天，不明飛行物出現在了新疆的四個縣市。但由於身處不同位置，且可能存在方向感不準確等問題，他們所描述的情況也不盡相同。基於此，科學家尚不能判定出不明飛行物到底為何物。

○ 昆明出現「不明發光體」

二〇〇六年二月七日，昆明西郊農院村的陳先生稱，自己在凌晨六點四十五分時發現，月亮被一個碗口大小的發光體遮住。發光體逐漸擴散成直徑一公尺左右的圓形，其中心位置還出現了一塊深色不規則形狀，後來發光體逐漸收縮直至消失。整個過程約三分鐘。

根據昆明空中交通管理中心所監測到的錄影顯示，一個異常的雷達目標於七日凌晨六點三十九分四十八秒，出現在離昆明機場八公里處，該目標以高速由西北向東北方向運動，呈跳躍式，歷時十七秒後消失，從出現至消失共行進了六十七公里。

○ 新疆喀什出現球狀不明飛行物

二〇〇五年九月八日晚九點二十分左右，一個由三十名廣東遊客組成的探險攝影旅遊團，在從新疆喀納斯返程途中，目睹了一個不明飛行物近五十秒的空中飛行。發光飛行物呈球狀，開始時僅是一個亮點，幾秒鐘後，亮點後面出現了線狀尾巴，至少有五個，而且飛行平穩，後來亮點開始旋轉，隨即又變成扁形後突然消失在空中。遊客們介紹說，不明飛行物的飛行從西北方向朝正北方向，從發現到消失歷時不到五十秒。

近幾年來，這種不明飛行物在全世界屢次出現這，也引起了科學家的濃厚興趣。不過，至今研究人員仍不清楚這些不明飛行物到底為何，有人認為是外星人，有人則認為是人類的惡作劇。是真的有地球以外的外星生命光臨，還是僅僅為人類在強烈願望驅使下產生的幻想？

英國國防部資訊局的科學家曾得出了一個結論——迄今發現的絕大多數「不明飛行物」，其實都是一種鮮為人知的大氣現象造成。這種結論對廣大的「ET迷」即「外星人迷」來說，也許算是潑冷水，但當然，這種說法也並沒有得到所有人的認同。至於真相如何，還有待於科學家進一步研究。

相關連結——鐵達尼號沉沒與 UFO 有關嗎

鐵達尼號作為巨型的豪華客輪，於二十世紀製造，但後來因撞上冰山而沉入海底。那麼，與冰山相撞真的是鐵達尼號沉海的真正原因嗎？鐵達尼號遇難的原因是一個令人費解的謎團，也一直是科學家幾十年來研究探索的焦點。

鐵達尼號當時有「世界上最大的不沉之船」之稱，在大西洋底沉睡了七十三年的鐵達尼號，於一九八五年被海洋勘察人員發現。在其殘骸右舷的前下部，海洋勘察人員發現了一個很大、直徑為九十公分的圓洞。令人費解的是，大圓洞邊緣十分光滑規整，像被一種圓規狀切割工具切割。經過水下拍照和測量等綜合研究神祕圓洞後，美國皇家海軍艦艇專家確認說，鐵達尼號是被功率強大的雷射光束擊穿，導致底艙進水而最終遇難。

但這一說法似乎也不成立，因為直徑九十公分的圓洞根本不足以對鐵達尼號構成威脅。鐵達尼號有十六個防水艙作保障，任意兩個進水都不會導致沉沒，而僅僅九十公分的洞口怎麼可能使船沉沒呢？

「據倖存的鐵達尼號船員證實，海難發生時，他們站在鐵達尼號的甲板上觀察，發現大海中有些奇怪的『鬼火』神出鬼沒。這些撲朔迷離的『鬼火』彷彿從一艘來歷不明的『幽靈船』上跑出來。」美國記者在獲得的一份絕密檔案中如是說。

當時的救護船加利福尼亞號就在附近海域，指揮此船的船長也堅持認為，當時從船上可以清楚看到，另一艘來歷不明的船隻上有「鬼火」，這艘船當時正處於鐵達尼號與加利福尼亞號的水域之間。

按照鐵達尼號殘骸的考察計畫，科學家水下拍攝船體殘骸所得的六幅照片中，發現了八個神祕的發光體。一開始，研究人員認為可能是某種深水魚群；但在更為詳細的分析後他們發現，確實有些神祕的發光體遊弋在鐵達尼號周圍。海洋學家確認，海洋中不會存在這種神奇的發光體，它們很像那些UFO，但與UFO又有區別，它們是類似於世界各地許多目擊者所見到的那種能量凝聚體，而不是典型的飛碟。

科學家由此得出一個令人震驚的結論：鐵達尼號是由於不明潛水飛行物射出大功率雷射光束的攻擊，而沉海遇難。鐵達尼號沉沒後，「幽靈船」便潛入深海，或飛離此處。美國著名飛碟專家也表示，地球上從未有過這類不明潛水飛行物，它們似乎來自外太空。

奇妙的麥田怪圈

麥田圈是一個外形由簡至繁、由小至大的圓圈，常見於某一特定受損地區，主要發生於麥穗成熟的季節，由成長中的小麥莖被一股有軸的對稱旋轉力量推倒所致。一般情況下，柔軟的小麥莖幹不會斷裂，只會偏倒在地上。大部分的麥田圈都能看到螺旋形痕跡，或一個明顯的漩渦，這個漩渦或痕跡中央緊密，向外延伸六十公尺或更大的直徑，並有周邊清晰。一般順時針、逆時針旋轉的都有，但在某些現場則只發現順時針旋轉的麥田圈。

最漂亮的圓圈會在成熟的麥田形成，而未成熟的麥田不同於成熟圈，具有向上伸直的特性。由於新生麥田會繼續生長，就很難見到形成的麥田圈；而在成熟麥田中形成的圓圈，大部分直到收割時仍能保持平躺。

○ 麥田怪圈的出現歷史

據文獻記載，麥田怪圈最早被發現於一六四七年的英格蘭。當時的麥田圈呈逆時針方向，不知怎麼回事的人們還在怪圈中製作了一尊雕刻，作為他們對麥田怪圈原因的推測。

自一九八〇年代初期以來，世界各地的農田已經發現了兩千多個這種圓圈，怪圈正式被命名「麥田圈」。一開始，這些怪圈基本上只出現在英國的漢普郡和威爾特郡，但接著英國其他地區以及加拿大、日本等十多個國家，近年來也有發現這種怪圈。而且圓圈的外形越來越大，紋理也越來越複雜，漸漸演變成幾何圖形，英國的某些天體物理學家稱之為「外星人送給地球人的象形字」。

一九九〇五月，英國漢普郡的人們在麥田上發現了一個圓圈，圓圈直徑二十公尺，圈中小麥形成的螺旋圖案呈順時針。這個圓圈的周圍還有四個「衛星」圓圈，直徑六公尺，但圈中的螺旋形圖案呈逆時針方向。

一九九一年七月十七日，英國一名直升機駕駛員飛越斯文敦市附近，赫然發現巴伯里城堡下的麥田上有個等邊三角形，一個雙邊大圈在三角形內部，另外三角形的每一個角上又各有一個小圈。

一九九一年七月三十日，一個怪異的魚形圖案被發現於威爾特郡洛克列治鎮附近的農田中。並且一個月內，該區出現了另七個類似的圖案。

最令人震驚的，莫過於一九九〇年七月十二日發現於英國威爾特郡的農田怪圈了。這個由圓圈和爪狀附屬圖形所組成的巨大怪圈長一百二十公尺，幾名參觀後的天體物理學家認為：這個怪圈很有可能是來自天外的資訊，絕非人為，小麥倒地的螺旋圖案很像 UFO 滾過而形成。

除了英國外，其他一些國家如美國、澳洲、歐洲、南美、亞洲等地，也都頻頻發現麥田怪圈。據記載，麥田怪圈多出現在春天和夏天，圖案也各有不同，由一個圈慢慢演化為兩個或三個相似的圓，一九九四年還發現了蠍子、蜜蜂、花等動植物的圖案。一九九七年初夏，發現於美國奧勒岡州的麥田怪圈則更為神祕，人們還在很多麥稈上發現了小洞。科學家發現，麥田圈和周圍的土地上有一些分布非常均勻的磁性小粒，人眼無法看到，離怪圈越遠磁性顆粒越少。

二〇〇九年六月二日，英國牛津郡的一處大麥田裡，出現了一個約一百八十二公尺長、形狀酷似僧帽水母的怪圈。據悉，這是人們迄今發現最大也最為怪異的麥田圈。

○ 對麥田怪圈的探究

一九九一年六月四日，英國六名科學家特意在威爾特郡迪韋齊斯鎮附近的摩根山山頂上，建立了一座指揮站裡，安裝探測系統，希望能夠記錄到怪圈的形成過程。

然而，他們足足等了二十多天，也沒有探測到什麼不尋常的東西。直至六月二十九日清晨，麥田的正上方降下一團濃霧，雖然大家都看不見霧裡，但攝影機卻繼續運作。

大霧到了早上六點後逐漸消散，兩個奇異的圓圈赫然出現在麥田上！研究人員大為驚愕，他們立即從山上跑下來仔細觀察，處於兩個圓圈中的小麥已完全被壓平，完全呈順時針方向的漩渦狀。圓圈內的小麥麥稈雖彎了，卻沒有折斷，圓圈外的小麥則毫髮未損。

為防止有人故意弄虛作假，探測隊還藏了幾具超敏感的動作探測器在麥田邊緣，不管什麼東西，只要經過紅外線，警報器都會被觸動，但是警報器卻從未響過。沒有任何腳印遺留在麥田泥濘的土地上，也沒有任何跡象能顯示曾有人進入麥田。圓圈似乎來歷不明，探測系統並沒有記錄下任何線索。

還有一位氣象學家和地質學家，自一九八一年就開始研究農田怪圈。他認為，製造這些圓圈的是「某些目前科學所未能解釋的地球能量」。他曾記錄許多發生在圓圈裡的「不可思議事件」，一些照相機、收音機和其他電子設備本來運作正常，但在進入圓圈後就突然失靈。一九八九年夏季的某天，在英國溫徹斯特市附近的一個鎮，他和幾位朋友坐在一個農田怪圈中央。「突然，我完全身不由已，被某種神祕力量推著滑行了六公尺，推出圈外。」他認為，這種神祕的力量很可能與地球磁極有關。

退休的物理學教授、英國《氣象學雜誌》編輯泰倫斯．米登，自一九八〇年代以來，已審查過一千多個農田怪圈，並統計了兩千多個怪圈，希望能夠提出科學解釋。他的觀點是：旋轉和帶電的空氣團造成了真正的農田怪圈，而這團稱為「電漿渦旋」的空氣，是由一種輕微的大氣擾動形成，吹過小山的風就屬於一種輕微的大氣擾動。「風急速沖進小山另一邊的靜止空氣，產生了螺旋狀移動的氣柱，接著空氣和電被吸進這個旋轉氣流，形成一股小型旋風。當這個渦旋觸及地面，它會把農作物壓平，使農田上出現螺旋狀圖案。」

可是，米登的論點大概只適於解釋簡單的農田怪圈，對那些複雜的根本還是無法解釋，因為鑰匙形和心字形的怪圈絕對無法由旋風吹出。

○ 麥田怪圈的成因到底是什麼

三百多年來對怪圈的形成原因，科學界一直爭議，目前主要有五種說法。

(一) 磁場說：有專家認為，農作物之所以會「平躺」在地面上，是因為磁場中有一種能夠產生電流的神奇的移動力。美國專家傑佛瑞．威爾遜對研究了一百三十多個麥田怪圈，百分之九十的怪圈附近有連接高壓線的變壓器，方圓兩百七十公尺內能發現一個水池。與高壓電線相連的變壓器會產生正電，麥田底部的土壤由於接受灌溉，釋放的離子會產生負電。小麥被正電和負電碰撞產生的電磁能擊倒麥稈，形成怪圈。

(二) 龍捲風說：據記載，麥田怪圈多出現在春天和夏天，因此有人認為，造成怪圈的主要原因就是龍捲風。因為山邊或離山六七公里的地方，很容易形成龍捲風，而很多麥田怪圈都出現這種地方；但對於許多有象徵意義或動物圖案的麥圈，這種說法就無法解釋。

(三) 外星製造說：很多人相信這很可能是外星人所為，因為麥田怪圈大多形成於一夜之間。

(四) 人造說：這也是流傳較為廣泛的說法，認為麥田怪圈只是某些人的惡作劇而已。經過了長達十七年的調查研究，英國科學家安德魯認為，人為製造的麥田怪圈能占到百分之八十。而對於有些麥田圈中的麥子順勢躺下且可以持續生長，與人為壓扁的特徵不同。不過，人造說最大的爭議在於，很多麥田圈實在過於複雜，人很難在一夜之間完成。

（五）異端說：一部分人相信，導致麥田怪圈形成的，是一種像百慕達三角那樣的神祕力量。有人根據這種猜測將麥田怪圈說成是一種「災難預告」，從而藉以散布異端邪說。不過研究者卻認為，麥田怪圈與災難無關，無論是它是人為造成，還是外星人聯繫的方式所致。

由此可見，人們也只是猜測麥田怪圈的形成原因，而缺乏更好的證據。最近美國的幾名科學家，在研究三個出現在密歇根州農場中的「麥田怪圈」後得出結論：麥田怪圈屬於自然現象，雖然很難解釋，卻並非人類自己的「傑作」，再次勾起了人們的好奇心……

延伸閱讀——非人造麥田圈的特徵

（一）圓圈多數在子夜至淩晨四點時，以驚人的速度形成。沒有人親眼目睹過圓圈圖案的產生的過程，同時麥田附近也找不到任何痕跡，包括人、動物或機械。

（二）經常會有不明亮點或異常響聲出現在麥田圈附近。

（三）怪圈圖形的繪畫似乎經過了絕對精準的計算，並且常黃金分割圖形，或者直接套用幾何圖形，總之極其複雜。迄今發現的最大跨度的麥田圈，達一百八十多公尺，而被稱為「麥田圈之母」，而最為複雜的麥田圈裡外共有四百多個圈。

（四）怪圈中的農作物或成規則螺旋狀，或呈直線狀，都按照統一方向傾倒，有時分層編織時最多可達五層，但是農作物仍然會秩序井然，似乎經過了精緻的安排。

（五）怪圈中的麥稈稈身加粗，胚芽發生變形，稈內出現細小的洞，這些情況與被人折斷或踩到的麥子有明顯差異。

（六）麥稈彎曲部位的炭分子結構，雖然因受到電磁場影響而發生異常，但還能繼續正常生長，而且生長速度還快於沒被壓倒的小麥。若形成麥田圈的作物正處於開花期，那作物就不會結種；若正處於成熟期，那麼作物會經過變異，所結果實會比正常情況下小。

（七）怪圈內的泥土好像被烘乾，這些泥土中含有放射性同位素的微量輻射，這種非天然的輻射會增強三倍。

（八）會有許多磁性小粒散布在麥田圈中的土壤裡，這些微粒只有在顯微鏡下才能看到，並且圖形內外的紅外線也有所增強。

（九）怪圈大多在地球磁場能量帶附近出現，出現時電磁場減弱，指南針、電話、電池、相機、汽車等會出現異常，發電廠甚至會失常。

地心飛碟基地之謎

在地球的中心有飛碟基地，聽起來好像是天方夜譚。但曾任美國海軍少將的拜爾德(Richard Evelyn Byrd)，卻在一九九九年公開了他的一次神奇經歷，即駕駛飛機探訪地心的飛碟基地。這一經歷的公布後，使外星人和飛碟再一次成為美國，甚至全世界的熱門話題。

○ 拜爾德的日記

拜爾德在二十世紀末公布的日記，其中很多內容都徹底顛覆了地心探索史以往的理論基礎。

在日記中拜爾德說，一九四七年二月，他曾率領一支探險隊從北極進入地球內部，結果發現了許多已絕種的動植物，以及一個龐大的飛碟基地。而且在這個基地裡，還居住著「超人」，他們擁有高科技，但美國政府卻長期封鎖了這一資訊。

據他的日記記載，他們的探險隊在北極地區的某一基地駐紮。當他們一切準備就緒後，於一九四七年二月十九日朝北方飛行並探測。當時的圓形六分儀和指南針均經過再三檢驗，無線電通訊也正常。

當他們的飛行高度達到七百零七公尺時，飛機因為有風而出現了輕微晃動；當飛機下降到五百一十八公尺時，又趨於穩定，但後來又產生了擾動，因為尾風逐漸增強；飛機再次爬升到六百一十公尺，一切又逐漸平穩。就在這時，他們發現地面出現了奇怪的現象——地面上覆蓋著微黃色光澤的無盡冰雪，但冰雪卻還奇怪的略微透出微紅色和紫色，並且分散成直線狀。

拜爾德立刻將此奇景告知基地中心，然後又環繞著飛行兩圈。當飛行到六百七十公尺時，他突然發現指南針和六分儀不停抖動，部分儀器開始失靈，根本無法測出飛行方向。接著，他看到地面不再覆蓋冰雪，山脈出現在遠方的視域裡，山脈的範圍雖然不大，但拜爾德可以肯定不是幻覺，此時他們的飛機已飛行了二十九分鐘。

當飛機爬升至九百公尺時，拜爾德發現他們的飛機開始有異常強烈的震動，但他們繼續向北飛，直到越過了這些山脈。此時，拜爾德竟然看到了一條山谷，山谷中有小溪緩緩流過，綠意盎然，左邊的山坡上還有一片森林，蒼翠茂密。這時羅盤又開始旋轉，並且來回擺動在兩點之間。於是，拜爾德將飛機降至四百二十七公尺，並向左急轉，以便可以仔細觀察山谷。地面上覆蓋著很多青苔和稠密的青草，沒有陽光，但山谷中的光線奇特異常。

此外，他還看見了好像是大象的動物，拜爾德又讓飛機下降至三百零五公尺，透過望遠鏡觀看，讓他吃驚的是，他發現了已絕種的猛獁象，接著他又看到了起伏的綠色的山丘。此時，外面的溫度變為攝氏二十七度，除卻無線電通訊失靈外，各種儀器也都漸恢復正常。

再接著，地面越來越平坦，令拜爾德意外的是，他在這裡居然還發現了城市，而空中的飛行器似乎具有浮力，非常奇特。在機艙門的上端和右側，碟形的發光飛行器出現了，很多無法形容的符號分布在上面，而忽然，拜爾德的飛機被一股無形的力量吸住了。

○最不可思議的事情

當拜爾德的飛機被控制後，緊接著發生了更不可思議的事情。帶著北歐語言或德語音調的英語，竟然從無線電發出的嗶嗶聲中傳出：「歡迎將軍的光臨！請不要擔心，飛機將在七分鐘後安全降落。」

接著，飛機的引擎逐漸停止運轉，並伴著輕微的震動平安著陸。隨後出現了幾個人，他們有著金色頭髮、碧色眼睛、白皙的皮膚，體形很高大，這座城市也有規律的散發光彩。

人們熱誠款待了拜爾德和無線電通訊員，他們登上了無輪平台車，急速奔向燦爛的城市，拜爾德發現，這座城市彷彿是用水晶修築而成。隨後，他們又走進了一棟巨大的建築物裡，飲用風味絕佳的熱飲。十分鐘後，拜爾德單獨進入了一架升降機內，升降機向下運轉數十分鐘後，無聲打開了門，拜爾德又走過了一段走廊，走廊的牆壁上似乎放射出了玫瑰紅色的光。

在一扇巨大的門前，拜爾德停了下來，這座巨門上有許多奇特的文字。門後是一間「前所未有奢華」的房間，一些神祕的人同拜爾德交談。他們告訴拜爾德，他們之所以讓他入境，是因為他們在「地表」世界小有名氣。他們告訴他，這裡叫「阿里亞尼」，原本他們不願意與外部世界接觸，但自從美軍將兩顆核子彈投放至日本廣島、長崎後，他們意識到外面世界使用核子武器的嚴重性，這樣下去整個世界都有可能被毀滅，為了與地面上的超級大國交涉，他們便派出飛行器到地面的世界。

但是，各大國並沒有積極回應，甚至還用戰鬥機攻擊了一些他們派出的飛行器。這些神祕人預言，地上的世界就很可能因為核子武器，而走上自我毀滅的道路，再次進入黑暗時代。不過他們安慰拜爾德，地下世界的人類不會讓這種情況發生，他們會援助地上的人類，協助他們重建家園，使新世界從廢墟中再生。

結束與地下人類的會晤後，拜爾德又沿原路返回，並與滿臉狐疑的通訊員會合。隨後，他們的飛機在兩架飛行器的引導下，又升至八百二十三公尺的高空，然後平安返回基地。臨行之前，無線電還傳來德語「再見」的聲音，之後就再也沒有聲音傳出了。二十七分鐘後，他們的飛機著陸了。

○ 地心飛碟基地的真偽

返回美國後，拜爾德馬上就他的奇遇向最高當局彙報。一九四七年二月，在美國國防部的參謀會議上，拜爾德向杜魯門總統詳細彙報了他在北極的奇遇。不過，相關方面並沒有將這一消息公之於眾，而是命他必須嚴守機密。身為軍人的拜爾德，只能服從命令，但他仍在一九六五年十二月二十四日的日記中寫道：「那個北極的基地是一個巨大的謎。」

一九九九年，拜爾德的日記曝光後，眾多專家學者開始發表自己的看法，大多數科學家認為拜爾德的日記是假的，而相信拜爾德的見聞「真實」的小部分專家又分為三派。

一派認為，拜爾德當年所見「地下世界」的人，是來自地外文明的使者，乘坐飛碟在地球和外太空之間穿梭，後來不知何種原因在地球上定居。他們所擁有的科技實力，領先於地上文明數千年甚至上萬年，能夠透過遮罩電磁訊號隱藏自己，地下世界的出口也可以利用折射等手段封鎖，所以千百年來一直沒有被人類發現。

另一派認為，這些神祕人根本只是二戰後殘餘的德國納粹勢力，所謂「地下世界」之說是故弄玄虛，因為他們與拜爾德交流時使用的語言是德語。直到今天，有關納粹在「二戰」期間的種種神祕傳聞——大戰後期頻繁出現在歐洲戰場上空的「碟形飛行器」、納粹的超級科技計畫等，都還是未解之謎。特別是納粹的超級科技計畫，戰後有專家指出，納粹當時如果能有機會實施，戰爭結局很可能有所不同。希特勒作為一位對地下文明有狂熱興趣的探祕者，曾祕密派人去中國西藏，想要找到「進入地下世界的通道」。他篤信自己可以透過控制地核來扭轉戰局，徹底擊敗盟軍。因而有專家學者堅信，這部分納粹餘孽逃到了他們在南極和北極所設的基地，繼續研發超高科技。

而最後一派專家學者則認為，地內文明是一種客觀存在。拜爾德將軍所遇到的是與我們完全不同、存在於地下世界的地球人。

一九七二年四月，美國柏克萊大學的三名學生登上了沙斯塔山頂，高達四千三百一十八公尺。沙斯塔山是一座熄滅多年的死火山，就在這裡，他們看見有一些碟形飛行物在火山口附近飛過。更奇怪的是，他們在火山口看到了五個「高個子白人」，並且很快在火山口內的一塊岩石後面消失了。

第二次世界大戰期間，同侵緬日軍作戰的美國士兵希伯與戰友失散，他被遺留在緬甸，迷失在森林中。一天，他冒險進入了無意中發現的一處洞口，洞口被巨石隱蔽。他發現洞穴裡面亮如白晝，儼然有一座龐大的地下城市。正當希伯看得入迷時，他突然被抓住關起來，而且關了四年，後來才尋找機會拼命逃了出來。據他說，這個地下王國有七條通向地面的隧道，另有其他祕密的出入口，分布在世界其他一些地方。

地理學家貝羅希諾夫，於一九一六年的報告中指出，某個「地下王國」的入口之一有可能是中國的敦煌。此外，南極強磁場、百慕達三角洲及北極「黑洞區」等，都被認為可能是通往地下王國的入口。對此，為了探索地下文明，很多國家也都建立了這方面的祕密基金。

總之，人類出現在地球上至少已有三百萬年了，並且已經登上了月球，拉開了太空探索時代的序幕。但是，人類對地球本身的了解還不透徹，仍存在很多未解之謎。是否有另一個世界存在於地下六千公里？那裡是否有與我們一樣擁有高等智慧的生物？他們是否關注著我們的世界？是否思考著與我們類似的問題？所有這些都是未解之謎，有待於科學家的研究和探索。

點擊謎團——貴陽「空中怪車」之謎

一九九四年十一月三十日凌晨三點二十分，貴州省貴陽市郊的上空，駛過了一列神奇的「空中怪車」，可謂轟轟隆隆、聲勢浩大。這輛「怪車」掃斷了貴陽市郊都溪林場內所有碗口粗的松樹，掀掉了屋頂的鐵皮，所產生的物理效應真切而驚人。

當這列「空中怪車」駛過貴陽機車輛廠的上空時，值班工人看到空中有兩個大火球，發出灼目的光，旋轉著前進，並伴隨著震耳欲聾的「咣咣」聲，就像老式蒸汽火車慢行。這列「怪車」有十分巨大的向上的吸力：這吸力將直徑四十公分的大樹連根拔起，將數名工人吸升至離地一公尺左右，推行著滿載五十噸鋼材的車廂前進了約二十公尺，切斷了廠房內兩根無縫鋼管立柱，還折彎了另外兩根，並將很多屋頂的玻璃鋼瓦吸入夜空。

中國主要新聞媒體雖態度謹慎，但均及時報導了對於這次「怪車」事件，一時可謂驚世駭俗。此事也振奮了廣大的 UFO 愛好者，震驚了 UFO 懷疑論持有者。

UFO 攻擊軍事設施事件

一九五七年，史普尼克一號人造衛星在蘇聯成功發射，此後，UFO 就相繼開始攻擊地球。而 UFO 攻擊巴西某軍事設施的事件，更是十分引人注意。

○ 攻擊事件的來龍去脈

當天晚上，在碉堡執勤的兩個巴西哨兵發現：有兩個光點正在空中緩慢移動。仔細一看，光點正逐漸向他們接近，並迅速來到碉堡上空，並停在了三百公尺高的空中，然後光點慢慢降落，降落過程中搖搖晃晃。

此時，橙色的燈光照耀著炮塔，四周的氣氛顯得有些可怕。當光體到達離炮塔五十公尺高的地方時突然停下，兩人忽然意識到自己身處危險之中，因為這個直徑約三十公尺的圓形怪物已經靠他們很近。在這個龐然怪物之下，他們知道裝備和抵抗毫無意義，所以兩人不光沒有開槍射擊，甚至也沒有按鈴。

隨後，傳來了一種像機械聲的隆隆響聲，兩人開始覺得身上發熱，感覺皮膚要被燒焦一樣，雖然沒有任何光線或火焰出現。兩人發出痛苦的哀嚎，極力躲避熱波攻擊，一人幸運的躲到碉堡的陰影中，但另一人卻在現場昏倒。其他隊友聽到慘叫後，立即進入了備戰狀態。突然之間，電梯和轉動炮身的馬達完全失效，碉堡完全陷入黑暗，甚至連緊急備用電源也失靈了。碉堡內部有熱風吹進來，哨兵這時也害怕起來，因為他們原以為碉堡永遠不會被摧毀。更令人感到驚奇的是，停電後鬧鐘應該不能動，它卻鈴聲大作，遠比預定時間提前三小時，恐怖籠罩著使整個碉堡，可怕的機械聲數分鐘後才漸漸停下，碉堡重新有了光亮。

此時，所有的哨兵才清醒過來，但龐然大物已經消失不見。在四處搜尋之後，大家找到已昏迷的士兵，而另一名得以躲避的哨兵也已神經錯亂。他們立刻把兩人送到醫務室，軍醫診斷兩人全身二級灼傷；幾週後兩人才清醒，能夠詳細說出事情的始末。巴西陸軍司令在接到報告後，立即派空軍在伊泰勒普碉堡上空哨戒飛行。他們雖然大範圍搜索，卻沒有發現飛行物體留下的任何痕跡。

○ 民航運輸發現 UFO

巴西碉堡受到攻擊前，機場相關人員也曾看到過一個類似的奇怪飛行物體。伊泰勒普碉堡被襲前約兩小時，一架民航飛機正從距首都一千公里左右、位於南大河州的阿雷格里機場（PORTO ALEGRE）起飛，目的地是聖保羅。這架在聖卡塔琳娜州上空、朝東北方向飛行的

C46型運輸機，屬於巴里達航空，當時時間約為凌晨一點。

當時，飛機高度到達視野良好的兩千一百公尺。機長忽然看到有一個紅色光點，正從飛機左前方逐漸接近他們。機長了解很多UFO事件，出於好奇心，他朝著那個光點飛去，改變了航線。誰知，紅色光點卻一直朝著輸送機飛。忽然，一股燒焦味充滿了整個飛機內部，機長馬上檢查機艙內的各項儀器，他發現無線電和自動導航都被燒壞，飛機右翼的引擎正冒著濃煙。

飛機工作人員馬上滅火，紅色光點卻在這時不見了。機長無法去聖保羅，只好返航，滿懷的失望。數十分鐘後，伊泰勒普碉堡就被這個紅色的「怪物」襲擊了。

點擊謎團——盤山上出現過UFO嗎

世界上有許多人都稱親眼見過UFO，有人還用相機記錄下飛行動態。儘管UFO是什麼東西，人們還不能了解得很確切，但很多人還是相信它的存在。

其實，在中國古代的文學典籍中，就有關於UFO的記載；同時令人吃驚的是，中國的盤山，在古代很可能就是飛碟基地。

盤山位於遼河平原之上，遼寧省營口市北部。高僧智朴作於清朝康熙年間的《盤山志》中，有很多處記載到飛碟，大多稱親眼目睹。有一個故事在卷六〈文部〉中收錄的清人王煥所著〈遊盤山記〉中記載如下：王煥和幾個朋友結伴於康熙二十七年（一六八八年）的四月十九日遊覽盤山，王煥因與朋友葛簡之有約，而且身體有疾，就在朋友回家後回到青溝。他們到了半夜，一個「紅光閃閃」、「大如車輪」的圓形物突然「橫空而過」，山中僧人說是「佛燈」。這「佛燈」，可能就是今天我們口中的飛碟。

《盤山志》卷十六中記載，康熙十五年（一六六七年）二月的某晚，張灣居士洪應廣和兩個僧人交談時，一個「大如車輪」、「狀如蓮花」的「佛燈」突然出現在盤山西南的樹梢上，「佛燈」發著紅光，且「下有練光數丈」，像火球般搖動著向西飛去。

康熙二十一年（一六八二年）二月，僧人智朴也看見兩個大小有差異的物體發著光出現在屋子東南方，並且歷時很長才逐漸地消失；康熙二十四年（一六八五年）六月二十九日晚，智朴又在做完佛事後，看見一個發光物體出現在正南方，且忽起忽落，「如煙」、「如雲」，整個盤山南面的山坡都充滿了晚霞般的色彩，發光物體帶有紅色光環，僧人們從沒看見過，紛紛表示驚歎。另外，類似的零星記載也分布在《盤山志》中，總之古書中很少見這樣多的集中描述。

《盤山志》所載情景，有很多地方與飛碟相似，所以有科學家設想，盤山或許是古代的飛碟基地。不過這也只是設想，讓我們期待科學的檢驗吧。

神祕電波的來歷

一八九九年，美國科學家尼古拉·特斯拉（Nikola Tesla）收到了一種非常奇怪的訊號，而在他經過長期的研究後得出一個結論，在當時非常聳人聽聞。他認為這資訊是人類最早接收到的宇宙訊號，是外星生物正試圖與人類聯繫，而這些外星生物相當先進。

一九二一年，獲得無線電專利的馬可尼（Guglielmo Marconi）也收到了一份電碼訊號，同樣來自宇宙；美國天文學教授陶德，也於一九二四年接收到無法解析的無線電訊號，當時火星恰好處於離地球最近點。

一九三一年，美國青年工程師卡爾．詹斯基也發現了一個幾乎每天都在同一時間出現的干擾訊號，同樣來歷不明。干擾訊號的強度隨著地球的自轉，每二十三小時五十六分周而復返。干擾訊號最強是銀河中央，所以銀河系正是這種干擾的發源處。後來證明，太空中半人馬座的無線電輻射是干擾源。

一九三七年，第一台電波天文望遠鏡誕生，人們得以接收來自太空的訊號。一九五九年，美國政府的奧茲碼工程計畫（Project Ozma）正是一次偉大嘗試，人們利用電波望遠鏡攔截太空訊號。

○ 電波望遠鏡捕捉到「神祕」電波

二〇〇五年，一個神祕的無線電波訊號被美國SETI（搜尋地外文明計畫）的科學家發現。一些SETI的天文學家相信，這個謎一般的訊號很可能來自於雙魚座和白羊座之間的某處，距離地球大約一千光年。儘管他們迄今仍無法確定電波的真正來源，但他們認為這很可能是來自某外星文明的「問候訊號」！

SETI 的科學家一直搜索太空，電波望遠鏡可以幫助他們尋找來自外星智慧生物的訊號。據稱，人們在二〇〇二年首次發現了這一神祕訊號，發現者分別是兩名德國和美國的家用電腦用戶。

經研究，這一訊號早在三千一百萬年前發出，因為需要穿越極遠的距離。科學家最感興趣的是，這一訊號的頻率為一千四百二十兆赫，這種頻率多在是氫元素吸收、發射能量時產生。許多研究者認為，外星智慧生物發射無線電波時，很可能就是用這一頻率。

人們未在已知的天文現象中，找到與這一「神祕電波」的任何共同點，這暗示它很可能是智慧生物故意發出，而他們處在雙魚座和白羊座之間某顆未知的遙遠行星上。人造衛星干擾、地球假訊號干擾等因素，目前已被 SETI 的專家排除，「神祕電波」被認為來自外太空。

二〇〇八年，一種來自外太空的神祕無線電訊號，成為俄國和美國科學家們的研究對象。據析，這是從某個星球發出的求救訊號，並且發出時間距今已五萬年。一位美國天文學家稱：「這個無線電訊號的最主要部分已經被破解，這可稱得上是驚人的突破，訊號的意思是：處在十二銀河系的我們非常危險，將會爆炸，請指示幫助我們至第四宇宙。」

兩國的專家將這奇異的資訊轉換成文字，但他們卻一直不曾公開。天文學家解釋說：「我們透過數學計算估計，認為他們似乎駕駛一艘古代飛船，或處在一個星球，為了脫離險境，他們似乎正在尋找幫助。在我們的努力之下，初步計算結果顯示，那訊號發出的時間至少是五萬年前，也有可能更久，這件事確實令人震驚。」

不過，也有些天文學家不認可「神祕訊號」來自外星人的說法。他們認為，這也許是一種假象，由電波望遠鏡產生的故障造成，或者是由於軟體出了差錯，或許只是一個影子訊號，甚至是駭客的把戲，現在就準備歡迎外星人未免為時過早。

○「回應訊號」有必要嗎

儘管這一「神祕電波」遭到很多人的質疑，但許多太空愛好者仍然相信這一神祕訊號發自於外星人，因此一些太空研究者考慮，是否有必要發送一個「回應訊號」給訊號來源處。可是有關外星智慧生物研究人員認為，目前這還是一個有爭議的問題，我們是否應該告訴「他們」我們存在？如果對方充滿敵意，我們又該怎麼辦？

儘管關於外星人是否真的存在還存在爭議，但一些科學家數十年來，一直積極探索地球以外的生命，並且試著向地外生命傳送一些資訊。在這些資訊中，包含了一些關於人類的大致描述以及簡單的生物學原理，並用數學加密手段，處理了相關的物理和化學原理。

不過可惜的是，發出去的資訊都有去無回，人們沒有得到回應。對於出現當前局面的原因，有些科學家認為，人類發出去的資訊話題根本就無法引起外星文明的興趣。科學家認為，如果一種文明可以先進到，其中的大部分內容也能被外星文明輕易理解，但他們讀過以後，卻沒有對我們人類的了解有所深入，那麼從某種程度上說，他們不會回應。

科學家分別在一九九九年和二〇〇三年，傳送過兩次資訊至太空中，但都杳無音訊。現在這些科學家正在為設計更有趣的資訊做努力。可問題在於，外星人的興趣點到底在哪方面呢？

我們認為需要找到我們和外星人之間的共同點，並在共同點的基礎上交流，他們可能認為新鮮或感興趣的話題，比如我們的社會特徵，比如人性問題。

但如何描述我們的社會特徵卻是另一道難題。科學家認為，外星人感興趣的潛在素材可能是社會物理學，他們可能會關注數學方法在社會領域的應用。因為像氣體一樣，每個人類社會網路都在運轉，地球之外的宇宙我們卻不知。那麼外星人可能會面臨和我們一樣的困惑。

雖然至今還沒有找到與地外生物溝通的最佳途徑，但相信透過科學家的努力，這個難題一定會解決。到時，我們也能知道是否真的存在外星生命，知道他們究竟長什麼樣，知道他們使用何種的語言等等。

點擊謎團──巴顏喀喇山洞的「外星人」痕跡

一九三八年，在西藏邊境巴顏喀喇山的一個洞窟中，中國一位考古學家發現了一些墳墓，排列很整齊。他們挖掘墳墓後，找到了一些完整的人類骨骼。但奇怪的是，這些骨骼非常奇特，骨架很小，頭顱卻很大。同時，在穴壁上還刻有很多戴有圓盔的雕像，星星、太陽和月亮都刻在岩石上，且彼此用翼豆般大小的點串連在一起。

考古學家共發現並收集了七百一十六塊花崗岩圓石片。岩片有兩公分厚，在這些岩片正中都有一個圓孔，一條雙槽刻痕以正中的圓孔為圓心向外旋出，一直至岩片的外緣，整體呈螺旋狀。考古學家研究分析，這片荒涼的地區，古代時曾是洛巴族和康巴族兩個部落的居住地。由此推測，這些墳墓屬於這些山居部落。

可是，這些部落的人怎麼會有這麼大的頭顱呢？從巨大的頭顱和他們對宇宙的描繪來看，是不是與「外星人」有關呢？那些圓石片究竟是什麼東西？

一九六〇年代，物理學家證明，這些圓石片中有高含量的鈷及其他金屬，並且還有高度的振幅。他們同時認為，這些圓石片曾經被強電流處理。科學家由此推測，在距今一萬兩千年前，一群外星人曾來到地球，可是他們的「飛機」最後沒有足夠的能量飛離這個世界，於是就死在了這荒涼不毛、人跡罕至的山區。

不過，這種推測也還沒有具體有效的證據，因此還需要科學家的進一步探索追蹤。

外星人有自己的家園嗎

一九六九年七月，美國人阿姆斯壯乘坐「阿波羅十一號」登上了月球，然後以全人類的名義宣布：「月球不屬於哪一個國家，而是全人類的共同財富。」

然而，三十年後的阿姆斯壯說出的歷史真相，令我們在不得不正視外星生命存在之餘，更增添了一些恐懼和迷惑：外星人是從哪裡來？他們有沒有屬於自己的家園呢？

○ 月球上發現UFO

一九六八年十二月二十一日七點五十一分，美國「阿波羅八號」太空船從甘迺迪太空中心升空，飛向月球，並在聖誕節清晨進入月球背面一百公里的高空，用望遠鏡照相機拍下了第一張月球背面的照片。

然而二十年後的一九八七年，美國 UFO 學者科諾．凱恩奇終於從這張月球照片中，找到了震驚世界的祕密。他發現在「阿波羅八號」拍攝的月球背面照片中，有一個發亮的圓形物體。當時他就認為這個發亮的圓形物體，很難令人相信是月球火山口的影像，於是就用特殊技術對照片進行了放大處理。結果發現：這個原被誤認為是月球火山口的發亮圓形物，與火山口根本毫不相干，而是一個停留在月球表面、大得不可思議的 UFO！

放大的照片中顯示，這些 UFO 出現在一座火山附近和一些山脊上，其中一個 UFO 中央呈隆起狀，並套有三個輪廓分明的環狀物，前部與尾部都呈柱狀突出，還各豎起兩個猶如飛機垂直尾翼似的東西。據推測，這個 UFO 的直徑估計約有十公里，簡直就相當於地球上的一座城鎮。而相比之下，其附近的另一個 UFO 更是大得驚人，簡直有其十倍之大！

同時照片中還顯示，在月球背面不但有著陸的 UFO，還有正從近處高空向「死火山口」深淵中降落的 UFO，而且數量眾多。

月球上能有如此數量之多的 UFO，簡直太不可思議了！

○ 地球是外星人的基地嗎？

研究人員認為，如果外星人在地球上有基地的話，那麼除了海洋之外，戈壁沙漠就是外星人飛碟最理想的基地了。法國著名飛碟學者亨利，在《外星人的足跡》中曾提到：「大量事實表明，戈壁沙漠和大山脈中人煙絕跡，是飛碟降落的最佳地點。一群德國學生和到內蒙古的許多遊客，都曾目擊過飛碟在那裡頻繁降落。可以肯定的是，戈壁灘是飛碟的一個理想基地。」

事實也的確如此，在蒙古和新疆等地的茫茫戈壁上空，經常有飛碟出沒，當地人已經習以為常了。一九七九年九月的一天，夜裡一點左右，新疆某農場苑姓技術人員在外乘涼，忽然發現天空中有一個形狀像滿月一樣的橘紅色飛行物，比月亮稍小，邊緣整齊，速度極快，兩三分鐘後就消失了。苑姓人員稱，這個物體不會是飛機，因為飛機不可能沒有聲音，形狀也相差太大；但也不可能是氣球之類的，因為氣球不可能有那麼快的速度。而且當晚刮的是西南微風，而飛行物卻是消失在西方，若是氣球也不可能逆風而行。這所農場距離塔克拉瑪干沙漠僅有幾十公里。

類似的事件也發生過很多，人們多次在戈壁周圍的奇台、阿勒泰等地發現不明飛行物。這都證明在中國的西北沙漠地區，確實經常有 UFO 出沒。

UFO 在非洲的撒哈拉沙漠也曾出現。已故著名女作家三毛在撒哈拉沙漠中，就曾兩次目擊了 UFO。為此她還在電視上作證，證明大沙漠中的確存在 UFO 的蹤跡。

那麼，地球是否就是外星生命的基地呢？現在還沒人能回答這個問題。

○ 西班牙出現 UFO

一九六七年六月一日傍晚，西班牙首都馬德里郊外的聖荷西，有人看到了 UFO，並且還拍攝下來。

在這張照片裡，有一個類似 UFO 的東西在森林上空飛行；而最令人驚奇的是，在這飛行物上還有個標誌，是英文字母 H 的正中央加上一條垂直線的記號。有這樣奇怪的記號的 UFO 非常罕見，而且這個 UFO 的出現也有事先預告。

首先，這件事可追溯到一九六五年。從那時開始，就有很多西班牙人接到自稱「UMMO 外星人」的奇怪信件，收信人大多都是一些作家、律師、工程師、公務員等高級知識分子和社會地位極高的人，而且他們都住在馬德里附近。這些信的文字都很整齊，內容類別似報告書，而且信紙上也印滿了一枚枚的 H 加條垂直線的「王」字形的圖案。

此後，研究人員將這些信集中研究，結果發現大致都關於下列幾點：居住在宇宙的生物、UMMO 星、UMMO 太空船、哲學與心理學，而且都具有高深的科學水準。

不僅收到信，接到一些自稱是「UMMO 外星人」的莫名其妙電話的民眾也為數亦不少。電話總是出其不意打過來，對方在話筒那邊長篇大論、歷時甚久講述有關宇宙的事，而地球上接電話的人則一頭霧水，有的甚至是嚇得掛掉電話。

這些預告帶有特殊標記的 UFO 出現的信函中，有時甚至還會畫出 UFO 著陸地點的簡圖。而且在此事發生的當日，馬德里郊外聖荷西被目擊的 UFO，還降落在距目擊地點約四公里的地方，不久就飛走了，而這正是信上所畫出的著陸地點。

點擊謎團——原始人眼中的外星人

古埃及文明是人類歷史上的最古老的文明之一，古埃及文字起源於何時，迄今尚無定論。埃及神話中，太陽神叫「拉」，會從天空降落地面；而有一位男神叫「托特」，其形象為人身、朱鷺頭，有時也以猴子的面貌出現，創造了文字曆法和計算，並教導人類如何寫字確定年月。可以說，他是向人類傳播學問的使者和智慧之神。

在墨西哥神話中，還有一個神會突然從東方出現，教人們法律、醫術和種植玉米等知識，後來便乘「蛇形筏」杳然而去……

類似這樣的神話不勝枚舉，然而各民族的這些神話都驚人的相似，就是這些神都從天而降，難道僅僅是巧合嗎？顯然並非如此。讓我們再從兩河流域的蘇美人和南美馬雅人的天文學成得到些啟示吧！

大約在四千年前，住在底格里斯河和幼發拉底河的蘇美人，天文學非常發達，他們的天文台測定月球的公轉與自轉，比現在觀測計算的只差不到零點四秒，誤差值僅僅有六百五十萬分之一；而南美的馬雅人也有過發達的文化和精確計算的曆法，很早就知道太陽系中遙遠的天王星和海王星。他們將馬雅曆一直計算到六千四百萬年以後，還把太陽年、金星年和地球年的運轉週期都計算到小數點後四位。地球年的運轉週期，他們計算結果是三百六十五點二四二零天，與現在計算的三百六十五點二四二二天相差無幾。

在《舊約》中，有這樣一段關於以諾的神話：傳說以諾被抓到天上某個國度，在那有人向他傳授重要的天文知識；有趣的是，當以諾回到地球上時，他的孩子變得比他還老！

當然，我們不能證明這些天文知識是外星人所留下，還是後人杜撰。但我們從中也可以看出，外星人的說法在很早就有了。

那麼，既然外星人很早就有，為何他們不與我們直接溝通呢？這可能有兩個原因，一個是他們已把要告訴我們的東西透過各種形式展示了，沒必要再進一步直接接觸；另一個原因就是，今天的地球人已掌握了殺傷力很強的武器，在地球人尚未理解外星人的行為前，外星人如果走出攻守自如的飛碟，可能會擔心人類會威脅他們的自身安全。

UFO 如何看待地球人

在茫茫宇宙當中，地球就彷彿是一顆砂礫。但這樣一個小小的球體，卻可以引起 UFO 的興趣，世界飛碟學者在困惑之餘，對此提出了種種推測和假設。

○ UFO 不會襲擊地球

美國著名飛碟作家基荷少校認為，UFO 的出現不是凶兆。他列舉了美國軍界負責人提供的理由，認為 UFO 的存在可能會監視地球，但還不至於向地球發起攻擊，原因主要有四點。

（一）UFO 曾對地球進行廣泛監視，但並沒有公開表示過惡意。說明這些天外來客可能有更為龐大的計畫，需要與地球建立友好關係。而在此之前，他們需要有一個較長的適應時間。

（二）地球周圍出現的 UFO 數量並不多，這些數量的 UFO 還不足以入侵地球，大部分的 UFO 僅僅是觀測飛行器。不過他們的航速，很容易就能甩掉追捕他們的噴射機。

（三）地球上的人類也並非手無寸鐵，也有各種導彈等武器，可以追擊高空中的太空船。

（四）大量的實例證明，UFO 其實在努力避免與地球人發生衝突。即使有個別的傷人事件，也應該被看成意外。

總體來說，如果外星人真的存在，那麼可以想像這些智慧生物對我們可能持有的三種態度，而地球人也可以相應確定對他們採取的態度，並且決定是否需要回覆他們的訊號。

○ 外星人對地球的態度

首先，外星人與地球人之間可能是互相關心、相互理解的態度。也就是說，外星人關注我們，對我們有好感，這是最理想的狀態了。外星人能夠向我們提供相當尖端的科學技術以及其他方面的情報，提醒我們少走彎路。例如，讓我們注意將來的某種科學發展方向：不要做導致環境惡化、滅絕人類的事情。

不過，這種態度雖然十分理想，但也有一定的局限性。比如，我們能從他人的失敗當中吸收多少教訓等等。

其次，外星人雖然能理解我們，但並不表示關心。也就是說，他們對我們雖然懷有好意，但卻不幫助我們什麼。儘管這種態度有點令人不快，但可能性卻很大。如果外星人的文明遠遠超過我們地球人幾千年或更長時間，那麼他們可能就會用懷疑的眼光來看我們了，就好像我們用同樣的眼光去看老鼠是否有智慧一樣。的確，我們會向老鼠教授什麼，或者警告什麼呢？

此外，就算外星人關心我們，但可能也不能理解我們的心情。就是說，他們之所以對我們感興趣，只不過是出於實用的觀點，比如想嘗嘗地球上的美味等等。

當然，外星人也可能對地球人既不感興趣，也不理解。不過這種可能性很小，因為如果真的這樣的話，那麼幾千年來外星人或飛碟就不會頻頻光臨地球了。

事實上，如果地外文明天體的技術水準足以發現我們的話，地球人想躲也躲不過，但這並非主要問題。地球人認為擴大「合作範圍」是發展自己的關鍵，為此而不斷努力。人們也體會到井底之蛙最終沒有前途，所以我們也要多做努力，開闊自己的眼界。這個合作範圍早晚要擴展到宇宙規模，或許現在就已經在日程上了。總之，地球人遇到的外星人越是和自己不同，就越有益，因為這樣就越能促進地球人的發展。

○ 地球人應如何看待地外文明

與地外文明交換訊號後，地球人可能會與極具智慧的生物相遇，而且這種相遇也有助於了解自己在宇宙現狀、宇宙演化階段中所占的位置。衡量事物的尺度不同，得到的結論自然也會不同。我們很多現實的考慮都必須適應日常生活尺度或歷史尺度，而看來也應該將它轉換為宇宙的尺度。

這也是地球人了解宇宙的一個有利因素，可以開闊地球人觀察事物的眼界。如上所述，在演化過程中，更有必要從更高的角度觀察地球所占據的位置。按照宗教的觀念，人類是神創作的頂峰，此外再也不能創造其他完整的生命體了。而地球人居然無意識、毫不批判把這種觀點帶入現實世界。地球人就是在一定社會條件下宇宙演化的產物，宇宙演化的無機階段已按照發展規律到達生物學階段，而生物學階段又進而到達社會階段。

儘管地球人不清楚今後會如何發展，但認為已經到了最後階段，這顯然有些片面。從理論上說，宇宙演化可以包括很多階段，認為達到了人類演化最高階段的想法，未免有些目光短淺。

高度發達的地外文明如果想與地球人接觸，地球人是躲不過的。因此我們不如因勢利導，從他們那裡學習更多知識，並要透過他們，知道自身發展的道路還十分漫長。

那麼，地球人真能與外星人達到相互理解的地步嗎？的確，就我們目前的狀態，與外星人做到相互理解還是很有難度。但儘管如此，人類還是越來越求大同，尋找和平與共同理解。與其他文明相遇，也讓人類認識到自己在宇宙中的位置，加快人類社會的發展。

點擊謎團——對外星人的各種離奇設想

現在，報上經常可以見到有關外星人的報導，很多人稱自己見過飛碟，甚至是外星人，而且還拍到了很多有關飛碟的照片。這一切是真的嗎，真的有外星人嗎？

自稱見過外星人的人們，描述外星人是類人生物，大多是矮個子、又大又圓的腦袋、嘴巴像裂縫一般細長、裹著緊身衣。

外星人在古代留下的痕跡，則成為另一些人的興趣所在。他們認為與外星人有關的痕跡很多，比如發現於撒哈拉沙漠的壁畫上，人們戴著圓形的面具，復活節島和南美洲有很多的巨石建築、以及金字塔等史前奇蹟，到現在仍無法解釋。還有的學者提出一種觀點，認為人類是外星人的後裔，有的民族也或者是外星人與地球人交配的後裔，比如馬雅人。但這些觀點缺乏科學的證據，所以也只是猜測，是人們提出的假說。

天文學家卡爾．薩根（Carl Edward Sagan）曾指出，有接近兩千億顆恆星存在於銀河系中，並且有相當一部分帶有行星。其中可能有一百萬顆行星的環境與地球相似，這些行星上可能像地球一樣產生、演化出生命，甚至發展出高高等智慧生物。這些生物中必定會有一部分，遠遠先進於現在的人類文明。所以這部分天文學家認為，智慧生命出現在地球以外的其他星球上完全可能。

但是，薩根卻不認同人們遭遇外星人之說。他提出，被描述的外星人只是人類的變形，並且在他們身上加上了一些人類掌握的科技。而如果是別的星球，千差萬別的生命演化過程所演化出來的生命形態，很可能完全不同於地球人類，掌握的也有可能是完全不同於地球人類的科學技術。而且，這些有產生智慧生命可能性的星球，距離地球有幾千或幾萬光年。因此，如果說外星人每年甚至每天都到訪地球的話，完全不現實。

像薩根一樣對科學持有嚴肅態度的科學家，大致持這樣的意見。也就是從理論上說，外星智慧生命的存在完全可能，但諸多看見外星人的消息卻大都不可信。然而，仍有一些事件科學界無法解釋，人們卻認為可靠，至於那些史前奇蹟，是否真的與外星智慧生命有關呢？一切都是未解之謎。

科學家對於目前外星人的存在情況，提出了很大膽，甚至很離奇的設想。但人類的想像力無罪，說不定在哪一天，這些幻想就會成為現實的存在。

生命探祕

人類的直系祖先是誰

關於人類祖先是誰的問題，一直存在很大爭議。直到一八五九年，英國博物學家達爾文提出了演化論，才算有了科學的答案，而達爾文認為：是古猿演化成了人類。

但人類具體的演化過程是如何，卻難以知曉。幾百年來，這個人類演化之謎一直吸引著人類學家和考古學家的不斷研究和探索。

○ 四種化石的發現

對於達爾文提出的觀點，大部分人類學家還是認同的，從最初的古猿演化為人類，然後順著巧人、直立人、智人這一線索演化為現代人，例如中國北京周口店的北京猿人屬於直立人。儘管至今人類演化的問題還有很多謎團沒有解開，但現在最受人類學家關注的問題是：誰是人類的直系祖先？

人類的祖先生活在距今相當遙遠的年代，人類學家只能以世界各地挖掘出的化石，作為研究人類祖先與古猿親緣關係的主要依據，而研究的重要線索，就在於化石產地的地質史以及解剖學特徵。

多年來，古人類的顱骨化石、肢骨化石等在世界各地被陸續發現，其中最為引人注目的，要屬東非和南非的挖掘成果。人類學家認為，非洲南方古猿（Australopithecus africanus）、羅百氏傍人（Paranthropus robustus）、鮑氏傍人（Paranthropus boisei）

和阿法南方古猿（Australopithecus afarensis），這四種古人類化石跟人類直系祖先的研究有關。

一九二五年，南非解剖學家雷蒙·達特（Raymond Dart）發現並命名了非洲南方古猿。這具化石的腦容量約五百毫升，六歲左右，既像猿又像人。達特認為，這具古猿化石代表的猿類已經滅絕，但曾經存活於現存類人猿和人之間。而且他推測，非洲南方古猿已經學會直立行走，而且行走時已經擺脫雙手的束縛，能夠發展手部的操作能力。幾十年後，蘇格蘭古生物學家羅伯特·布魯姆（Robert Broom）又在南非的石灰岩山洞中，找到非洲南方古猿的一個成年個體頭骨，非洲南方古猿直立行走的推測被證實。

一九三八年，羅伯特·布魯姆又在石灰岩山洞找到了另一具頭骨，但是所找到的頭骨已經破碎。布魯姆將頭骨復原以後，卻發現它的形態不同於非洲南方古猿，比非洲南方古猿更為粗大，所以布魯姆將它命名為「粗壯傍人」，即羅百氏傍人。根據地質測定，羅百氏傍人存活於距今兩百萬至一百五十萬年前，甚至更晚，而非洲南方古猿存活於三百萬至兩百萬年前。

一九五七年七月十七日，英國人類學家路易斯·李奇（Louis Leakey）夫婦在坦尚尼亞的奧杜瓦伊峽谷，發現了鮑氏傍人的化石。經修復黏合後，發現這是一具顱骨，雖然缺少下頜。這具顱骨與羅百氏傍人的形態基本相似，但比羅百氏傍更為粗大，其中牙齒特別粗壯。鮑氏傍人就由李奇命名。據推算，鮑氏傍人生活的年代距今有一百七十五萬年。

一九七四年十一月，在衣索比亞的哈達地區，美國自然史博物館的唐納德·約翰森

(Donald Johanson)等研究人員挖掘到距今三百萬年前的古人類化石。研究人員根據這具保存完好的化石的骨盆形態，判斷這是一名身高一百公分以上的女性個體，年僅二十歲，約翰森叫她「露西」。儘管露西只有殘缺不全的骨架，但十分珍貴，使我們得以第一次了解遠古人類的身體結構，而露西的腿和骨盆證明她已經可以獨立行走。一九七七年，哈達地區先後出土了六十五個個體人骨化石，它們的生活年代皆距今約三百萬年，約翰森稱它們為阿法南方古猿，歸類為一種新的古猿。

而這四種化石，究竟哪一種能夠代表人類的直系祖先呢？

○ 究竟誰是人類的直系祖先

當時有些人類學家認為非洲南方古猿是人類的直系祖先，因為從解剖特徵上看，非洲南方古猿既有古猿的特徵，又有早期人類的特徵，而羅百氏傍人和鮑氏傍人都由非洲南方古猿演化而來，屬於能夠與巧人並列的同種類型。

但這種觀點從發現阿法南方古猿後，開始受到懷疑，一些人開始主張人類的直系祖先是阿法南方古猿，甚至非洲南方古猿的祖先也是，而非洲南方古猿又是羅百氏傍人和鮑氏傍人的祖先。

不過，肯亞國立博物館館長理查．李奇認為，非洲南方古猿和阿法南方古猿都不是人類的直系祖先，人類的直系祖先是一種至今也沒能發現的未定種，應該與阿法南方古猿類似。

一九八六年，美國加州大學人類學教授斯凱爾頓和麥克亨利又提出：非洲南方古猿是人類的直系祖先，而且演化自阿法南方古猿。

在各種紛繁複雜的假設中，有一點很一致，那就是羅百氏傍人和鮑氏傍人作為人類直系祖先的可能性都被排除了。人類的直系祖先或是非洲南方古猿，或是阿法南方古猿，或是某種未定種。

為什麼會產生這樣的爭論呢？因為人們主要依據化石的解剖學特徵，來確定物種之間的關係。但是每種化石都有數百個、甚至上千個解剖學特徵，所以人類學家依據不同的解剖學特徵，得出的假設就可能大相徑庭。至於在選取解剖學特徵時，為什麼要選取這個而不選取那個，人類學家都各持一理。

當然，這些假設究竟誰對誰錯，目前還很難判斷，也有待於挖掘出更多的化石研究，但人類的直系祖先這個科學之謎，相信最終能夠解開。

相關連結——人類的起源地在哪裡

一八九一年，《人類的由來及性選擇（The Descent of Man, and Selection in Relation to Sex）》一書由著名生物學家達爾文發表，此書提出動物才是人類的起源，人類由古猿演化而來。但是，究竟哪裡才是人類的發祥地呢？

對這個問題，人們幾百多年來一直沒有停止爭論，而達爾文在《人類的由來及性選擇》中提出，非洲可能是人類的起源地。雖然歐、亞、非三大洲都曾發現過森林古猿

（Dryopithecus），但只有在非洲的肯亞發現的頭骨化石真正完整，而且非洲發現的森林古猿化石的年代最早。

不過，達爾文的觀點並沒有得到所有人認可，關於人類起源地還有兩種不同於達爾文的觀點。一種觀點認為，人類的起源地在歐洲，根據是人們在歐洲首先發現了舊石器時代的文化；同時，一八五六年森林古猿的化石是在歐洲發現，因此不少人認為人類起源於森林古猿。而西瓦古猿（Sivapithecus）化石也發現於歐洲的匈牙利、希臘等地，西瓦古猿被公認為是「正在形成中的人」。

另一種觀點則認為，人類的起源地是亞洲，這個觀點最早於一八五七年，由美國古生物學家賴第提出。

由此可見，人類不斷發展的同時，也在努力尋找祖先的發祥地，而且已經提出了幾種不同的看法。而究竟哪一種才是更為符合歷史事實的觀點呢？我們只能期待有更多新發現。

人類演化的失落環節

考古學家告訴我們，人類的遠祖、森林古猿的生活年代，距今約一千四百萬到八百萬年；而南方古猿作為人類的直系祖先，他們的生活年代距今四百萬到一百九十萬年；人類的近祖猿人的生活年代，則距今一百七十萬到二十萬年。

那麼，這期間有兩個空白：從森林古猿到南方古猿間失落四百萬年，從南方古猿到猿人又失落了二十萬年。在這兩個時間段內，我們的祖先又是什麼模樣？他們生活在哪裡？多年來，由於這段時間的化石資料極少，所以古人類研究中就出現了「失落的環節」，也就是人類演化的空白年代。

○ 失落環節的不同觀點

關於人類在這兩段時間的演化情況，大概有以下幾種觀點。

（一）水猿說：英國人類學家阿利斯特．哈代（Alister Clavering Hardy）於一九六〇年提出，人類的祖先的化石空白期，是在海洋中生活，而不是在陸地，意味著人類演化有幾百萬年的時間處在水猿階段。哈代提出，透過對地質的勘測表明，非洲的東部和北部的大片地區，曾在八百萬到四百萬年前遭海水淹沒，使這裡的古猿不得不下海生活，從而演化為水猿。歷經幾百萬年的時間後，海水退卻，水猿雖適應了水下生活，卻又重返陸地，成為人類的祖先。

（二）海陸雙祖先複合說：持這種觀點的人認為，人類很可能有兩個祖先，即古猿和海洋生物。而在中間長達四百萬年的化石空白期，古猿與海洋生物的基因重組，並在化石空白前產生了南方古猿，這也是比較合理的解釋。透過重組產生新種只需要很短的時間，相對於地質時間的話，甚至可以忽略不計，因此可以說不存在過渡階段的化石。這樣就既能解釋化石的空白期，也可以解釋人類具有一些海洋生物特性的原因了。

（三）外星人說：北大西洋公約組織的科學家，曾提出一個震驚世人的學說：一些具有高度智慧的外星人曾在大約六十五萬年前到訪地球，他們發現地球環境很適宜居住。但是他們卻承受不了地心引力，最終不得不放棄地球，臨走時決定創造一種新的人種，利用地球的資源環境，讓他們在地球上延續。而精力旺盛、智力較高的雌性猿人成為他們選定的對象，他們想辦法使雌性猿人受孕，成為了地球人類的祖先。

○ 人類失落環節的新發現

二〇〇五年，美國研究人員在非洲發現了遠古人類化石，稱人類早期演化史的一個空白將被填補。這些距今四百二十萬年的遠古人類化石，發現於衣索比亞東北部，科學家可以藉此解釋人類如何從獸類演化而來。

這些化石發現於阿瓦什地區，屬湖畔南方古猿（Australopithecus anamensis）。在那裡，早先還曾發現過七塊類似人類的化石，並把這些化石命名為拉密達地猿（Ardipithecus）。在此之後，這種化石一直沒有再被發現。研究人員稱，這些化石是重要參考資料，有利於人類解剖和行為演變的相關研究。拉密達地猿從外貌來看，與黑猩猩十分接近，但已擁有直立行走的能力。

距今四百三十萬年前的人類化石在這次挖掘中發現不多，研究人員稱：「如果我們能回到距今四百五十萬年，甚至更早的時候，會發現原始人類在非洲大陸並不多。」並稱這些發現的化石也並不是最新的，但它的位置可以幫助人類解釋失落的胡環節。

近百年來，人們才慢慢解開人類的起源問題。古生物遺留下來的活動痕跡及部分遺體，也就是化石，為我們提供了事實依據。人類祖先出現在第四紀，那時，溫暖濕潤的亞非大陸發生變化，古猿成為人類，並且能勞動和製造工具。按體質和文化發展的順序，人類的發展可以分為猿人階段、古人階段（早期智人）和新人階段（晚期智人）。近數十年來，人類學家透過人類化石，了解到人類的體質特徵和文化發展。

可是疑問並沒有完全消除，例如猿人是如何變成早期智人？早期智人又是如何變成晚期智人？目前還沒有足夠的資料能完滿解釋，因而也需要更多的發現不斷補充。

點擊謎團——人類會是由恐龍演化而來嗎

按照達爾文的演化論，最早的人類在地球上活躍的時代，距今也不過是幾百萬年；而兩億年前的侏羅紀時代，統治地球的生物是恐龍。如果推論人類的遠祖，是體形與人類相似的恐龍的話，那麼等於把人類的演化往前推進了一億年。德國科學家就發現了一批身高一公尺以下的小恐龍化石，據推測牠們行走時只用後肢，因而牠們也被一些科學家冠以「恐龍人」的暱稱。

科學家認為，地球上最早具有智慧的生物是爬蟲類，恐龍在生物演化早期，已經算很聰明的動物了。擁有智慧的「恐龍人」，許多特性都與類人猿很像。與高大魁梧、四肢發達的恐龍不同，牠們站立和奔跑時只用後肢，前肢就可採摘食物。時間一長，「恐龍人」無用的尾巴逐漸退化，而前肢功能愈加突出，再到後來就手腳順利完成分工，並最終能真正直立行走。按此思路推理，全身的構造在手腳分化的帶動下都發生變化，頭部垂直而不再前傾，脊柱的支撐作用也越來越重要。到後來，日漸發達的大腦也成為球形，人類的特徵日益明顯。

「恐龍人」演化為人類的全部推理過程即是如此。這種推理同時能闡釋存在「野人」、「大腳怪」等類人動物的原因——演化過程中出現部分變種。作為一種假設，這個推測顯然比較大膽，但我們也不能完全否定。

兩億年前的神祕腳印

據稱，一位退休於新疆烏魯木齊中學的地理教師，花了三十多年時間收藏上百件化石，在中國科學院新疆生態與地理研究所標本館，展出的五件化石引起轟動：一件為兩億年前形成的腳印化石，而且腳印上還帶著鞋子！這讓所有人都大吃一驚。

根據被學術界普遍接受的觀點，人類由古猿逐漸演化而來，距今有幾百萬年，而十幾萬年前才有了現代的智人，人類文明的歷史也只有一萬年左右。如果神祕腳印化石真實可信，那難道在兩億年前，豈不是已經有了人類以及發達文明？

○「腳印」不只一處發現

其實，早在一九三〇年，就有三雙明顯可以看出左右腳的腳印，發現於肯塔基州一處古生代的沙石海岸上，一位地質學家是這三雙腳印的發現者。沒有任何屬於前肢的腳印被發現於這些腳印化石所在的巨大岩石上，所以只能認為，這腳印是人類所留下，而不是其他生物，而且還是穿了鞋子的人類！地質學家對此的研究表明，有人類在兩億五千年前留下了這些腳印，化石上沒有留下任何切割和雕琢的痕跡，因此不可能是後人偽造；從沙粒的密度來看，腳印內的密度遠高於腳印外，這些足以說明腳印是有人踩上去。

一個三葉蟲化石的收藏家，於一九六八年在美國猶他州旅行的途中，發現了三葉蟲化石，這令他驚喜萬分。三葉蟲存活於五億年前，收藏家經過仔細觀察，竟在上面發現了人類的腳印！腳印剛好踩在三葉蟲上，並且可推知此人穿著涼鞋。

可能有人會想，這會不會是人為的惡作劇呢？但是，如果要不留痕跡將這些腳印製作出來，並在石頭上刻下，還要深埋在土中，似乎很難。

在這以後，又先後有人在同一地區發現了類似的多處腳印。試想，要偽造這麼多腳印，還要人不知鬼不覺，幾乎不可能。可惜的是，至今人們都不明白，這些鞋印到底是怎麼回事。

○ 對腳印的設想

對於這些神祕的腳印，很多人開始議論紛紛，有人還提出了大膽的設想：在地球上，會不會有另外一個人類文明，活躍在現有人類之前呢？畢竟地球的發展史已有四十五億年，而人類的歷史僅有短短的三百萬年而已。在過去幾十億年的時間裡，有沒有可能還有另一類人曾在地球上生存呢？他們會不會因遭受了某場全球化的大劫難而導致滅絕，但依然留下了少許痕跡，鮮為人知，比如那幾雙神奇的腳印和鞋印？如果這種假設能夠成立的話，那麼困擾人們的很多未解之謎和難題就會迎刃而解。

只是，要證實這麼大的一個設想，可不是一件容易的事，還需要研究人員付出更多的努力。

相關連結——三萬年前的手印之謎

石器時代的人類祖先，是否會在舉行某種宗教儀式時，切掉某根手指？

這個有趣的問題，由研究法國西南部加加斯山洞壁畫的專家提出。在這個山洞裡，史前壁畫引起了大量的關注。位於盧德附近的加加斯山洞位於歐洲庇里牛斯山脈，號稱「手掌山洞」。一些掌印遺留在加加斯山洞中黑色的洞壁上，雖然歷時三萬五千年，仍沒有絲毫褪色，依然光彩奪目；除了一些紅色的掌印，還有印在紅色框裡的黑色掌印，而掌印中的大多數都有手指缺截現象，有的缺兩根手指，有的則是更多。

加加斯洞穴的手印，大約形成於冰河期後期，也許是現存最古老的洞穴藝術形式，由克羅馬農人（Cro-Magnon）——今天歐洲人的直系祖先所造。克羅馬農人的骨骼首先在法國的克羅馬農出土，他們作為穴居族，生活在舊石器時代後期，然而卻不是他們最先在加加斯山壁上留下痕跡。先於他們在洞內留下痕跡的是巨熊，這些巨熊曾經遊蕩在西歐各地，牠們為了磨利前後肢的爪，借洞壁打磨，於是抓痕就留在了洞壁上。在這些爪痕之間，一些連綿的曲線凹入土中，這可能是人類模仿巨熊所得，這些曲線的歷史也許比手印更早。

千年冰屍之謎

一九九一年九月十九日，一對徒步攀登阿爾卑斯山的德國夫婦，驚奇發現了一具黑色屍體藏在冰層下面。他們以為是一具現代爬山者的屍體，於是通知警方。可惜，員警並沒有由屍體聯想到考古，他們借助電鑽穿透屍體臀部，再整個拉了出來，舉動非常粗暴。

後來，屍體轉移到因斯布魯克大學，以研究死者身分及死因，結果讓科學家很驚訝：這具保存良好的冰屍，生前存活於新石器時代，算來已有五千多歲，他就是科學家口中的奧茲（Ötzi）。

○ 奧茲是誰？

「奧茲」之名，源於一條山谷。這條名為Otztal的狹長山谷，靠近阿爾卑斯山主山脊，靠近義大利的南蒂羅爾，海拔三千兩百一十公尺，與奧地利國界只有九十多公尺之遙。

奧茲是世界上最有名的冰屍，他在阿爾卑斯山的冰河中已長眠了五千年。科學家經過仔細研究，甚至連他最後一餐吃什麼都知道。借助於現代科技，科學家最終知曉，這個新石器時代的古人，是由於中箭導致的流血過多致死。

死亡時的奧茲約三十歲，身高大約一百六十六公分。死亡後，屍體很快掩埋於厚厚的冰層，所以屍體保存基本上完好。除了這些，科學家還想知道奧茲度過童年的地方。得益於刑事案件偵破的現代技術，奧茲身上的灰塵粒和花粉被仔細收集，牙齒上的同位素經過科學測定，並且就連他遇難地周邊的土壤、岩石、水等化學元素也被仔細對比。研究揭示，他更有是義大利人，因為他牙齒中氧-18的含量比較多，說明當地的降雨量也較多，而奧地利的降雨卻少很多。另外，他們進一步研究了鉛的同位素含量，最後得出結論，認為奧茲的出生地很有可能就是波扎諾北部的小鎮Velturno。

但是，奧茲可能在成年後去了更北邊的地方，因為人體骨骼與琺瑯質不同，礦物質的更新週期是十到二十年。分析奧茲骨骼的結果表明，他成年後活動的地域，海拔應高於出生所在地，緯度更北。這諸多的分析猜測顯示，奧茲死時可能處於秋季，死因是遭到早冬暴風雪的突襲。而分析腸子時發現，他在死前喝的水，可能含有初夏才有的鵝耳櫪花粉粒，因此判斷奧茲是死於初夏。

因斯布魯克大學的植物學家，對奧茲腸子的分析還認為，奧茲臨死時可能處於饑餓狀態。奧茲在死前八小時享用了「最後的晚餐」，並且地點就在山谷南側。那麼他吃的是什麼呢？未發酵的麵包，由單粒的小麥做成；少量「細糧」，僅限於當時的技術條件；一些植物，可能是香草；還有就是狩獵所得鹿肉，總之這一餐非常簡單。

○ 奧茲是怎麼死的？

在奧茲的左肩膀上，透過X射線被科學家發現了一處箭傷。並且他的外套上也有破裂與之相對應，不過奧茲很快就拔出了射中自己的箭；科學家還在他的手上、手腕處以及胸部發現了刀傷和瘀傷。DNA分析顯示，奧茲的武器有其他四人的血跡，分別分布在刀、箭頭和外衣上。

這些資訊表明，奧茲當時可能參與了兩鄰邦的衝突打鬥。奧茲和同伴遠離故土，同伴雖幫他拔箭但也可能已受傷，因為奧茲肩膀上的包紮很簡單也很粗陋。而且，奧茲手邊的銅斧也說明，必須要幾個人打製，才能製出這樣複雜的工藝，這暗示著這次打鬥對他們非常重要。

不過，關於他死因的推論也只是猜測。其實，當時奧茲的相關傳聞非常多，有人認為奧茲是個牧羊人，遭遇暴風雪時正在找回羊群的路上；還有人認為，他是一個僧人，上山是出於信仰，為了與神對話；甚至還有人認為，他是酋長，在某個宗教儀式中成為貢品。

那麼，奧茲到底是怎麼死的呢？在 X 射線的說明下，一個義大利瑞士聯合研究小組拍攝了奧茲的箭傷。從圖像中可以看到，在最先發現箭頭的奧茲的左肩膀，同時傷到了一條鎖骨的背部動脈，而且有大量的血腫充斥於傷口周邊的軟組織。科學家對比了很多記載此類嚴重傷口的文獻後，認為奧茲於受傷後不久死亡。至於奧茲為何會到冰山上去？又為何會中箭？這恐怕只有生活在五千多年前的奧茲自己知曉了。

延伸閱讀——歷史上的自然冰屍事件

一六四四年，一名作家記錄了自己在阿爾卑斯山附近發現的一具冰屍：「這具被送往教皇的男屍身上，肉及所有東西都已經石化，並且已經像大理石一樣堅硬。躺在黑絲絨棺材裡，他身上的肉可以看得很清楚，並且斷裂了一條手臂。」這可能是首次被記錄的冰屍。

一九七二年，八具冰木乃伊被發現在因紐特人居住地——格陵蘭島的一個山洞裡，並且都保存完好，這八具冰木乃伊中還有一個嬰兒，只有六個月大；也有一個男孩，大約四歲；另外有幾個婦女，年齡不詳，他們的生活年代皆距今有五百年之遙。

一九九九年，科學家在加拿大英屬哥倫比亞北部，發現了冰層中的古老人類，死亡時間距今五百五十年左右，在眾多發現於北美的冰屍中，年代最為久遠。

二〇〇四年，人們在義大利山區發現三名士兵的冰屍，應該是奧匈帝國士兵，死於一戰期間；而為了推知冰屍奧茲的保存環境，博物館曾接收過其中一具，。

雪人謎蹤

在尼泊爾、阿富汗及前蘇聯等地，都流傳有關「雪人」的見聞。據稱那是一種生活在人跡罕至雪山上的動物，也被稱作「夜帝」，意思是居住在岩石上的動物，身高多在一百五十公分到四百六十公分之間，有尖聳的頭顱，頭髮很長並呈紅色，滿身的毛則為灰黃色，走路非常快。

「雪人」究竟是怎麼回事？世界上真有此等奇異的生物嗎？

○ 關於雪人的傳說

雪人有很多的傳說，並且從西元前三二六年起就開始流傳。人類印象中的雪人有著雙重脾氣，有時很仁慈，有時又很兇猛。

一八四八年，中國西藏墨脫縣西宮村一名叫桑達的人，死因是遭遇雪人的攻擊，並且留在他身上的雪人味道非常難聞。

一九三八年，加爾各答維多利亞紀念館的館長奧維古上尉，單獨到喜馬拉雅山旅行，不想途中忽遇暴風雪，他的眼睛因為強烈雪光的照射而難以睜開。無奈之下，奧維古只能在雪地中等待死亡降臨。而就在他認為自己已經離死亡很近時，忽然感覺一個高大的動物護住了自己的身體——這動物身高接近三公尺，上尉得以保住性命。等他意識清醒後，那個高大的動物已經不知蹤影了，只是留下的氣味卻惡臭難聞。

一九七五年，尼泊爾一名上山砍柴的夏爾巴族姑娘，途中被雪豹跟蹤並襲擊，一個滿身白毛、紅頭髮的動物與雪豹驚險搏鬥，最終幫姑娘逃走。

一九七七年，一名正在回家途中的夏爾巴人，路遇兩個「雪人」，其中一個向他發起攻擊，夏爾巴人因此受傷。村民得知消息馬上趕去，草地上留有打鬥痕跡，同時有少許屬於雪人的白色長毛。在夏爾巴族中，正面接觸過雪人的有很多，他們稱雪人個子很高，雙臂很長可以過膝，行走時可以完全直立，渾身長滿長毛。牠們一般生活在洞穴中，食物是小動物，如果經受驚嚇還會尖叫，聲音非常刺耳。

據說，前蘇聯還有人抓獲雪人，高加索的居民就在一九四一年冬季抓到過一個怪人。這個怪人身高有一百八十公分，渾身長滿褐色毛髮，又粗又亂，行走時可以完全直立。由於室內溫度比較高，牠出了很多汗並且氣味難聞。經當地軍醫判斷，這個怪人是個「雪人」，當地人最後放生。

○對雪人的探究

由於人們成功登上喜馬拉雅山，諸如此類的目睹、親歷「雪人」的傳聞也日益增多，有的還是多個人同時發現「雪人」，聽上去並不像是憑空捏造，那麼雪人究竟是動物還是人類的旁支呢？

有人認為，「雪人」的祖先有可能是尼安德塔人（Homo neanderthalensis），尼安德塔人與智人搏鬥，不幸失敗後，便逃入了高山或者雪峰之中，成為了人們口中的「雪人」；也有人認為，「雪人」的祖先是巨猿。因為「雪人」行走時能完全直立，還會匍匐前進，這些特點都與古猿有相似之處。但他們沒有言語能力，所以還在人類的大門之外徘徊。

為了探究雪人的祕密，很多人會到喜馬拉雅山尋找。萊茵霍爾德．梅斯納爾（Reinhold Messner）是一位超級登山愛好者，他經過了十二年卓絕的努力，終於在一九九七年下半，獲得了一張喜馬拉雅山「雪人」的相片。具體時間是一九九七年七月，地點是喀什米爾西北部附近，在零下四十度的環境中，「雪人」與梅斯納爾之間的距離只有二十步左右，所以相片很清晰。

除了相片，梅斯納還對「雪人」的毛、糞便等東西做了細緻採集。可是梅斯納覺得，自己看到的也許只是棕熊，而不是真正的「雪人」。

在專著中，梅斯納寫道，「雪人」身高兩百四十公分左右，毛色隨年齡增長從棕褐色變為黑色。生活地域僅限於「世界屋脊」和喀喇崑崙山一帶。據估計，有一千到兩千個在西藏的東部。

先於梅斯納爾，一九五一年，此動物也曾被登山探險家埃里克．希普頓發現，並且有腳印記錄。但是他的拍攝地卻是梅倫冰河旁，對比照片看，兩者應屬同種動物。

二〇〇一年，英國動物學家羅波．麥克卡爾聲稱，英國牛津大學的科學家發現了一些證據，可以證明喜馬拉雅山的「雪人」。在一名當地的「雪人」追蹤者的帶領下，麥克卡爾所在的探險隊，在不丹喜馬拉雅山區的一棵樹上發現了一團毛髮，並分析了DNA。

相關連結——身上帶電的怪人

有一種人的身上可以帶有高壓電，擊倒與他們接觸的人，甚至可以將小動物電死，還可能引致火災。

一名美國小女孩身上就帶電，接觸金屬門把手，她自己會被電擊倒，她會無心電傷自己心愛的小貓，也會無心電暈為自己看病的醫生。

英國也有一名身上帶電的婦女。全家電線及超市裡的電器都曾被她放出的電燒毀；銀行的電腦系統也會因她的進入而崩潰。所以她只能在家裡活動，並且不停洗澡。

其實，這兩個人並非先天帶電，只是偶然變成這樣。科學家推想，他們身上有著過多的靜電，而這些靜電可能由自身的異常情緒所致，但仍沒有很好的「除電」辦法。

人魚的傳奇

十九世紀，丹麥安徒生的童話《美人魚》，將人魚帶進了無數讀者的視域。二十世紀初，在哥本哈根市內長堤公園的海堤旁，有了一座美麗的美人魚銅像，是著名雕塑家愛德華．艾瑞克森的作品。

威尼斯也有關於人魚的傳說：一艘從東方歸來的古威尼斯商船，滿載著珍貴的貨物，途中海上起了大風浪，水手情緒低落，沮喪等死。夜裡，明亮的月光下，忽然一名風姿綽約的漂亮女子從平靜的海面鑽出，女子懷抱嬰兒並為孩子餵奶，非常恬靜。水手深受感染，開始思念家鄉和親人，歸心似箭，最終齊心協力歷經險阻，回到故鄉。

波蘭的維斯瓦河畔，也有一座端莊清俊的人魚雕像，她用盾牌和利劍，精心守護華沙。華沙在很久以前只是個小漁村，打獵的國王迷了路，來到了維斯瓦河畔，他被人魚動聽的歌聲深深吸引，人魚的指引他到河邊的淺灘。國王遇到了一名漁夫叫華沙，華沙召集村民們，建造了一座城獻給國王，國王很高興，於是以「華沙」為新城命名。波羅的海王賜予人魚琥珀盾和利劍，人魚從此作為守護神一直守護著華沙。

除了這些，關於人魚的傳說還很多，那麼人魚到底只是童話故事中的人物，還是真的存在呢？

○ 發現人魚

歷史上不少民族，對人魚都有相關記載，多被視為「鬼怪」或「神明」的化身。蘇格蘭的一位教師，曾在一九七四年親眼見過人魚。在報告中，他稱在海灘散步時忽然看見一個「美女」從海中現身。並且她從水面躍出時，下身的魚尾非常明顯。歷時四到五分鐘後，人魚從大海中消失。

一九六〇年，一位美國的海洋生物學家稱，人魚可能屬於類人猿變種。母親子宮的羊水是嬰兒的生活環境，因此他們本身就有游泳的能力。所以他推測，也許有的類人猿能夠生活在水中。

一九六二年，一艘探測船在古巴外海，捕獲了一尾會講人語的人魚，船上的科學家和軍事專家發現這尾小人魚的皮膚呈鱗狀，有鰓，頭像人，尾像魚，自稱亞特蘭提斯市是他的故鄉。亞特蘭提斯大陸在幾百萬年前橫跨非洲和南美，後來卻沉入了海底，遺留下來的同類都生活在海底，有三百多歲。後來，黑海一處祕密研究機構接收了小人魚，由科學家深入研究。

一九六三年，美國海軍潛艇在波多黎各東南的海底演習，發現一條時速兩百八十公里的怪船，其速度人類根本無法跟上。

一九六八年，美國攝影師穆尼也在海底附近發現了怪物：臉形跟猴子很像，脖子的長度卻是人類的五倍，眼睛大於人但跟人很像，腿上有「推進器」，所以才能夠那麼快。

一九八〇年，人魚被發現於紅海海岸。上半身跟魚很像，但是下半身與人相似，都有兩條腿、十根腳趾。只可惜，人們發現的只是一具屍體。

一九九一年，首具完整的人魚化石出土，證實了牠們真實存在。這具保存完整的化石發現於南斯拉夫海岸，牠所擁有的鋒利牙齒和強壯雙顎足以撕肉碎骨，殺死獵物。研究人員稱這是雌性，出現在附近海岸的時間距今約一萬兩千年。不幸的是，牠在一次水底山泥傾瀉時被活埋，周圍的石灰石保護了牠的軀體，軀體得以慢慢成為化石。人魚化石身高一百六十公分，腰以上的部分與人類相似，有發達的頭部，大腦的體積也很大，手上的爪子很鋒利，眼睛沒有眼簾，這點跟其他魚類一致。

一九九一年八月，加勒比海域的兩名美國漁民捕到了十一條鯊魚，當漁民解剖其中一條長達十八公尺的虎鯊時，發現一副骸骨骨架在牠的胃裡。這具骸骨非常奇怪，上身有三分之一與成人的骨骼很像，骨盆以下的部分卻又像一條大魚。這種生物半人半魚，專家根據檢驗結果和骨骼形狀，繪出的形狀極像人魚。參與其中的美國專家說，從檢驗結果看，人魚可能真實存在過，而不單單是傳說或虛構。

○ 人魚真的存在嗎

現在，越來越多科學家向人魚存在之說靠攏。有人認為，人魚這種生物是從遠古遺留下來；也有人認為，人魚是一種有文明的物種。

不過，也有很多科學家強烈反對這種見解。他們認為人魚根本不存在，人們所見只是儒艮。儒艮屬於海洋中的哺乳動物，海牛目，牠們用肺呼吸，雌性也像人類一樣長有一對乳房。雌性儒艮每年生一仔，哺乳時，儒艮的上身會浮出海面，半躺著將幼仔抱於胸前餵奶。在月光下望去，就像懷抱嬰兒的美麗女子，這樣人們就產生錯覺，認為見到了人魚。

可是，目擊者中的大部分人都不同意這種說法，長年漂泊於深海的水手也認為，常見的儒艮跟美女有很大的差距，不可能將儒艮和美女混淆。

然而不知為何，地理大發現後，發現人魚的機會到現在基本為零了。這種古老的生命已經從世上消失，還是目擊者再也不願透露自己的經歷？也或者人魚已經躲藏到大海深處，與人類斷絕了一切聯繫？所有這些仍然難以解釋，好像深海世界一樣神祕，這有待我們逐漸解開。

點擊謎團——「大腳怪」之謎

在美國和加拿大等地，經常有人說發現一種叫「大腳怪」的動物。牠們有著敏捷的迅速，一被人們發現，立即迅速逃跑，只留下一些巨大的腳印，所以人們就形象用「大腳怪」稱呼他們。

一九二四年，兩隻巨大的人形動物，被美國一群礦工發現，他們立即開槍。怪物受了傷，馬上撤離，其中一隻在慌亂中跌下山崖。當日晚間，眾多怪物前來報復，他們用石頭使勁敲打礦工的房屋想要闖入，礦工開槍都無法擊退。還好礦工的小屋很堅固，怪物最終無法報仇，遺憾離開。

有很多人都與「大腳怪」有過正面接觸，並且多有這樣可怕的經歷，有人順利將「大腳怪」

的叫聲錄下來。經過科學分析，「大腳怪」的聲波與人類叫聲和機械聲音不同，應屬於某種靈長類動物的聲波。還有人收集到牠們的血液和毛髮，科學鑑定的結論，也是一種靈長類動物，很像大猩猩。此外，還有很多關於「大腳怪」的照片和紀錄片，雖然很多人都懷疑這些照片、影片是認為捏造，但又有部分的真實性不容置疑。遺憾的是，至今仍沒有可靠的證據——活的「大腳怪」來證明牠們的真實存在。同時也因為缺少實物，無法進行相關的科學實驗。

神農架野人傳說

「野人」與「飛碟」、「水怪」和「百慕達三角」並稱為「四大自然之謎」。有關野人的傳說流傳在世界各地：中國有神農架野人、喜馬拉雅山有「耶提」、蒙古有阿爾馬斯人、西伯利亞有「丘丘尼亞」……不勝枚舉。而野人也就是眾說紛紜的大腳怪，曾出現在所有人類居住的大陸上。

○ 有關野人的記載

諸多古代典籍都曾有過關於神祕「野人」的記載。如《山海經》：「梟陽，其為人，人面，長唇，黑身有毛，反踵，見人笑亦笑。」

清代同治年間，湖北地方志中的〈房志稿〉：「房山高險幽遠，石洞如房，多毛人，修丈餘，遍體生毛，時出山齧人雞犬，拒者必遭攫搏，以炮槍擊之，鉛子落地，不能傷。」而房山，也就是今天的房縣，位於神農架的北部山區。

一九七六年，房縣出土了漢墓群，銅鑄九子燈殘片就包含在出土文物中，九子燈上所繪圖案，是一隻坐在樹上的動物，看起來既像猿又像人。聯繫古書中的記載，燈上的動物有沒有可能是今天我們所說的野人呢？

○神祕的神農架，神祕的野人

神農架有著「物種基因庫」和「動植物王國」之稱，在中國是生物多樣性的示範基地，同時也是聯合國教科文組織「人與生物圈」的保護網。傳聞這裡有神祕的「野人」，令人深感撲朔迷離。作為世界「四大之謎」之一的神農架野人，也令許多考古工作者嚮往不已。

中國三千年前就已有「野人」的記載：西周時期，「野人」曾被作為獻給周王的貢品，因而少數民族會捉捕「野人」。中國科學院近年來進行的多次考察，搜集到毛髮、糞便、腳印等與野人有關的稀有資料。科學界認為，野人很可能是巨猿的支系，科學家將他們定為「未知的高等靈長目」。

據統計，神農架野人已被目擊達三百六十多次，他們的活動形跡也為多數人所知。他們有突出的前額，非常高大，渾身長滿毛髮，行走時是半直立狀態，總體形態與人類相似，大多為紅色、棕色和褐色。

毛髮、糞便、腳印、竹窩等與野人相關之物，都曾多次被發現在板壁岩上。據目擊者稱，野人的腳印約有二十四公分長，一步跨度約兩公尺半；從毛髮的表皮及髓質形態的細胞結構看，要比高等靈長目動物發達很多。他們最大的一堆糞便重達一千六百公克，摻有果皮、蟲蛹等物。箭竹扭曲成竹窩，可躺臥，可窺視遠方。經各領域檢驗，竹窩的製造者不是人，也不是熊、猴等動物，而是類人動物，比高等靈長目動物更為進步。

但是，由於大部分人並沒能見到真正的野人活體或影像，甚至連一張照片也沒有，這個謎也因此更加神祕。

○ 野人具有哪些特徵

神農架野人究竟什麼樣子呢？他們有哪些基本特徵？科學家透過觀察研究，認為神農架野人的樣子大體如下：

野人用兩腿直立行走，受驚嚇逃跑或上陡坡時，還會用四肢行走；身高有大型和小型兩種，大型的身高兩公尺左右，小型的身高約一百六十公分，渾身長滿厚厚的毛，毛色有紅色、棕色、黑色、黃色、麻色、灰色、白色或鮮紅、棕紅、紫紅、黑紅與紅黃、棕黃、棕黑、灰紅、白麻等，而神農架的野人以紅色居多。有的野人很胖、腰很粗，有的則很瘦長，胸和背都很扁平。

野人的腿比人類長，長於自己的手臂；大腿比較粗，小腿比較細，有小腿肚。手心和腳心無毛，腳掌前寬後窄，大型的長三十到五十公分，小型的長二十多公分，腳印上看不出足弓。腳趾粗，比人類的長，尤其大趾特別粗，與四趾分開，似乎也有抓握能力。手很大，手和手指與人類相比，都又長又粗，指甲又尖又長，粗厚結實。

野人的頭部略大、略長於人類，頭髮又多又長。臉型比較瘦長，上部寬下部窄，短毛或無毛。鼻骨很長但比較低。嘴突出，門齒比人類的更為粗大，有很粗的犬齒，但仍不像虎牙又尖又長。耳大於人耳，耳輪比較靠前，稀毛或無毛。眼睛大於人眼，有的跟人眼很相似，有的很圓，眼窩陷得很深，夜間不會反光。

雌性的乳房與雄性的生殖器都自然下垂，無尾。

○ 野人的生活習性

根據科學家的研究，目前對神農架野人的生活習性能簡單概括為：兩腿直立行走，手像人類一樣巧。用兩條腿走路已經是野人的習慣，他們不再需要雙手的支撐，在深林中，他們腳步迅速，能走很遠的路途。直立行走解放了雙手，所以他們雙手有很大的握力。然而，即使野人可以雙腿直立行走很長時間，仍只是過渡，因為他既能夠兩腿行走，也可以用四肢行走。一般情況下用雙腳，某些特殊情況下則會用四肢。

野人主要食用植物，多數是獨自活動，有時會吃些小動物。有人見到過野人吃野生的鮮果或者嫩枝嫩葉，比如核桃、竹筍、野栗、橡子、人種的馬鈴薯、穀物、嫩高粱及野葡萄、野桑椹、馬桑果；也有人目擊他像熊一樣偷吃蜂蜜，還有人看到他從豬圈偷走小豬。鑑於他們的大食量，他們通常單獨活動，尋找食物。因為團體活動很有可能吃不飽，就會有個體被餓死。

野人經常在高山中出沒，比較耐嚴寒氣候。為了躲開人類的視線，他們選擇高山地帶活動，人類一般會在冬季積雪的山地上發現他們的腳印。

野人隨處建造住處，有時會直接選擇山洞。據目擊者所述，野人通常都住在山洞裡，這樣有利於禦寒，而且能撫養幼子。不過，神農架林區的野人多次被發現用竹枝、竹葉、樹枝、樹葉等來製造睡窩。

野人比較擅長夜行，敢於靠近火。在神農架地區，多是在夜晚目擊野人。不過野人為何經常在夜間活動？是為個躲避人類，還是為捕捉動物？至今還沒有答案。野人雖然還沒有進入到猿人階段，但卻遠比古猿進步，比如雖然他們不會用火，只能生食，但有跡象表明，他們已敢於接近火了。

野人沒有語言，用彼此的聲音來會意。已經收集了很多野人發出的聲音，而在這些叫聲中，或表示高興、驚慌、憤怒，或者笑，或者表相互示意，或是受傷後的慘叫，而很多聲音的具體含義還待進一步的研究。

野人遇見人類時會笑，傾向於與人類親近。也許人類認為野人會吃人，但絕大多數目擊者反映，見到野人時，即使與他的距離只有幾丈遠或幾十公尺、近百公尺，野人並不會追趕，或者跟幾步就會停下。迄今，野人吃人之事還沒有確鑿的證據。因此野人應該不會像虎豹那樣殘暴。有資料反映，野人擁有比較溫和的性格，樂於接近人，一般情況下不會攻擊人，見到人時，有的還會報以和善的笑。這可能是因為野人作為高級靈長類動物，已經很接近人類，他們與人類有很多地方共通，因此才會做出對人類好感的表情吧。

相關連結——奇異的猿女

一九八九年夏季，在緬甸中部的原始森林中發現一名少女，她可能已經失蹤了十多年。當時，獵人是為了捕獲靈長類動物交給歐洲動物園，用網圍住了一些熟睡中的野猿，而這個女孩就在猿群中。女孩與野猿一起生活，很有可能這些猿養大了她。

這個白人少女，年齡大概十七歲，五官很端正，卻不會笑，並且行走時很自然用四肢。她的動作行為與黑猩猩相差無幾，而且堅決拒絕穿戴衣帽。醫院接收了女孩，盡力將她常人對待，但人性仍然沒能在她身上復甦。一位護士稱，她發瘋似將衣服撕掉，情緒非常激動，而且力氣相當大，護士都拿她沒辦法。

有人認為，這個猿女可能是薩拉．朱金桑。據知，一九七六年，紐西蘭的薩拉．朱金桑隨父母到緬甸旅行，路上發生車禍，父母雙亡，但人們在車禍現場並沒有找到薩拉．朱金桑的屍體。那時她大約五歲，恰好與這個猿女年齡相近。

然而，猿女已經無法告訴人們她的真實身分。她除了長得像人，卻找不到一點的人性，經猿猴的養育後成了猿女，這是莫大的遺憾。

神奇的心電感應

人人都有「第六感」，即心電感應，而母親的「第六感」是任何人都無法比擬、無法解釋的。尤其當子女發生危險時，她的這種感覺最強烈，而且有時竟能把心中的呼喚，以一種神祕的人體波動傳遞到子女身邊，為他們指出求生之路。

○ 關於心電感應的紀錄

有這樣一個故事：世界上著名的逃脫專家胡迪尼（Harry Houdini）被關在一個上了幾道鎖的鐵箱裡，放在冰洞中，然而他卻能神奇逃脫，而且無人知道其中的奧祕。但是有一條：當他在水中的箱子裡時，如果在幾分鐘內不能出來，就會發生危險。

在一次表演中，胡迪尼被關入一個放入水中的鐵箱。然而幾分鐘過去了，觀眾們都認為胡迪尼的這次表演注定失敗時，他的一位好友卻堅信他一定能從冰洞中爬上來。

果然，被凍得半死的胡迪尼艱難爬了上來，告訴好友：鐵箱子入水後，沒想到居然順水而下。等他從鐵箱子中出來時，卻怎麼找不到原來出來的冰洞了。而就在這危難之中，他突然聽見了母親在呼喚他，於是他就順著母親的聲音游到了原來的冰洞，從而順利脫險。

令人不解的是，胡迪尼的母親當時正住在另外一個城市裡，根本不可能看到兒子的舉動；更令人不可思議的是，當胡迪尼脫險後向母親打電話報喜時，有人告訴他說，他母親已在幾小時前去世！而那時，胡迪尼的表演還沒開始！

是什麼原因，能使一個母親在死後為兒子引導求生之路呢？這個事例應該算是母子之間的心電感應吧！

對「心電感應」現象的研究

在一百多年之前，人類之間所蘊涵的心電感應現象就已引起了科學家的注意。一八八二年，美國芝加哥大學的物理學家洛斯，冒天下之大不韙，創辦了一個「神靈學研究會」，專門研究一些難以捉摸的荒誕事。他的研究在當時甚至被一些學者認為是蠱惑人心的巫術，受到了猛烈攻擊。然而，洛斯還是堅持研究，並精心收集的一些事例，記錄在《神靈學會會志》一書中。

一次，洛斯將兩名具有心電感應的婦女邁爾絲和蘭希瓊，分別安排在相隔百公里之遙的兩個城鎮，切斷她們之間的任何聯繫，然後讓她們感應接收。邁爾絲在尉爾特市拍下一張紡織廠的外景照片並默記下來，然後用「心電感應」將紡織廠的形象傳給在蘇格蘭的蘭希瓊。

蘭希瓊從未到過尉爾特，但在她接收了邁爾絲的「感應」之後說：「那邊有一瀑布，似人工所造，廣而平，高約兩三公尺，但也可能是工廠排出的污水。還有棟房屋，旁邊有棵白楊樹。」她隨手就畫出了一張草圖，而這張圖與紡織廠外景相片相差不遠，她所說的景色也與照片中幾乎完全一樣。

還有一件事，也可以說明人與人之間的心電感應現象：一位有感應能力的人想到一本小說的一段情節：燈塔內有個男人倒在地上，一個婦人正俯視他時，發現他已死亡。而另外一位心電感應者則在一間密室中，兩個人互不相識，他接收到了前者的感應，然後說：「我知道他在想什麼，這是個恐怖的場面。在一個圓塔內，有一男一女，女的看見男的死了。這是書中的情節，我曾經看過這本書。」

當時在場的十幾位學者都感到驚訝不已，他們要再進行一次試驗，以證明這個測驗的準確性。於是就讓感應者默想：「兩個兒童在火車月台上奔跑，欲登上將開動的火車。」不久，密室中的接收者便對學者說：「這與火車站有關，兩個孩子在人群中奔跑，我想這與巴錫爾車站有關。」

完全正確！感應者正在巴錫爾，他想像中的車站確是巴錫爾車站。

○雙胞胎之間的心電感應

心電感應就如古詩中所說的「心有靈犀一點通」，而這種現象在雙胞胎之間更為強烈。

如今，世界上每誕生九十六名嬰兒，就有一對雙胞胎；每誕生四百名嬰兒，就有一對是同卵雙胞胎。同卵雙胞胎兒由同一受精卵分裂發育而成，因此他們有完全相同的基因。也就是說，他們是按照同樣的基因圖紙發育而成，因此絕大部分也是同一性別，面容酷似，愛好、成就、行為方式也十分相似。

同卵雙胞胎兒之間的心電感應現象至今無人能解。美國有對叫吉娜和吉尼的同卵雙生女，姐姐吉娜一次患了闌尾炎，吉尼陪姐姐去醫院動手術。姐姐被抬進了手術室，妹妹在門口等候，約過了半個小時，吉尼就感到肚子彷彿被刀割了一樣疼痛難忍。與此同時，醫生正在為吉娜動手術，她在麻醉手術台上痛得大叫。在同一個時間裡，在同一個部位，手術室內外的姐妹竟然有相同的反應。

研究人員指出：同卵雙生子還常常在相似的時刻、相似的部位患相同的病。有一對從小就分離的雙生子，哥哥在城市裡長大，弟弟在鄉下長大。十七歲的時候，哥哥患了肺結核，而鄉下的弟弟也同樣生了此病。

那麼，同卵雙胞胎為什麼會有感應現象呢？資訊是怎樣在兩個大腦之間傳遞的呢？雙胞胎的同步生病現象又是怎麼發生的？這些都是正在探索的難題。

相關連結——心理暗示

心理暗示是指人在接受外界或他人的願望、觀念、情緒、判斷、態度時所影響的心理特點，是人們日常生活中最常見的心理現象。心理暗示也是人或環境以非常自然的方式向個體發出資訊，個體無意中接受這種資訊，從而做出相應反應的一種心理現象。

心理學家巴甫洛夫（Ivan Pavlov）認為：暗示是人類最簡單、最典型的條件反射。從心理機制上來說，心理暗示是一種被主觀意願肯定的假設，不一定有根據，但因為主觀上已肯定了它的存在，所以心理也就竭力趨向於這種說法。

受暗示性是人的心理特性，也是人在漫長的演化過程中，形成的一種無意識的自我保護能力。當人在處於陌生、危險的境地時，就會根據以往的經驗，捕捉到環境的蛛絲馬跡，從而迅速做出判斷。這種捕捉過程也是受暗示的過程。因此人受暗示性的高低，不能以好壞來判斷，它只是人的一種本能。

世上真有藍色人種嗎

迄今為止，很多人都發現了皮膚藍色的人。在整個一八六〇年代，一個龐大的「藍人」家族，就居住在肯塔基州的山上，緊挨著克里克人（印第安人），因布魯斯而出名。儘管他們都有藍色的皮膚，但是他們很少生病，而且大多數人壽命超過八十歲。

那麼，世界上是否真的有藍色人種呢？

○發現藍色肌膚的人

一支考察隊曾到非洲西部一處與世隔絕的山區，研究山區的自然植被及野生動物。一天，當隊伍從一片茂密的樹叢穿行時，忽然發現幾個人影從樹間的縫隙閃過，出於好奇，便祕密跟蹤了這些人影。不遠處他們看見幾個人用獸皮樹葉遮體，好似原始人的打扮；令隊員吃驚的是，這些人的居然有著淡藍色的皮膚。當這些藍皮膚的人意識到陌生人的存在時，他們馬上撤離，轉瞬間從密林中消失。

世上難道真的有藍色人種嗎？隊員甚至不敢相信自己的眼睛，他們懷疑，這些人的身體是不是因為塗抹了東西才變成了藍色。於是他們決定更深入調查。幾天後他們獲知，這裡竟有一個龐大的藍色人家族，他們以洞穴為住處，以狩獵為生，像原始人一般。而且，除了皮膚，這些人還有藍色的血液。

在智利奧坎基爾查峰，美國加利福尼亞大學醫學院的著名運動生理專家，也曾發現過藍色皮膚的人，他們有著極強的適應能力。專家稱，在海拔六千公尺的高峰環境中，空氣過於稀薄，即使是身強力壯的登山家，也不可能非常自如行動；然而這些藍色皮膚的人，卻能有機靈敏捷的行動，令人難以想像。

還有人稱，少許的藍色人還生活在非洲的撒哈拉沙漠。另外，一位美國生物學家在考察喜馬拉雅山時，也意外發現一些藍色皮膚的僧侶，在海拔六千公尺以上的高峰上；最讓人震驚的是，雖然高山環境下氧氣稀少，這些藍色的僧侶竟還能談笑風生，甚至還能勞動。

藍色人種的發現，向傳統的人種劃分提出挑戰，究竟藍色的皮膚是如何形成的？

○ 為何有藍色肌膚

科學家對藍色皮膚做了長期的研究，最終有這樣幾種不同的見解。

一種解釋為，由於皮膚顏色和血液成分的密切關係。血液呈紅色，是由於血紅素這種蛋白質的存在；至於藍色人的血液，雖也有高含量的血紅素，卻沒有能控制這種蛋白增加的酶，因而血液就會呈現藍色。

另一種解釋認為，藍色人的血液基因突變，導致血液的化學成分發生變化，因而藍色的血液屬於一種病理狀態。

在美國科學家看來，血紅素在人體的血球內負責輸送氧氣。如果氧氣充足，血紅素就會呈紅色；如果氧氣比較缺乏，血紅素就會因缺氧而呈藍色。高山環境下的缺氧狀態，很可能就是藍色人誕生的原因。他們還檢測到，血紅素在藍色人血液中的含量遠遠多於正常人，所以他們能夠適應高海拔的缺氧狀態。

○ 從動物身上得到的啟示

具有藍色血液的動物也給了科學家們啟發：大王烏賊和馬蹄蟹有藍色的的血液，而海蛸和墨魚有綠色的血液，可見血紅素含有的元素，決定血液的顏色。如果血液中含銅元素，就叫做血藍素，就會使血液呈現藍色；如果血液中含鋇元素，就叫做血綠素，讓血液呈現綠色；如果血液中含鐵元素，就叫做血紅素，血液就會呈現紅色。由此延伸，他們認為血液中含過多的銅元素、過少的鐵元素，才形成了藍色的皮膚和血液。

由此可見，對於藍色皮膚和血液的人，科學家們提出了不同的看法，缺酶、缺氧、缺鐵、基因突變等，但目前還難定謎底，有待進一步的研究。

相關連結——綠色孩子的來歷

十一世紀的英國，人們發現了兩個奇怪的孩子：他們有著像樹葉一樣翠綠的皮膚。人們無法與他們交流，因為他們不會說當地話，而衣服是用人們不知道的布料所做成。一開始，孩子對人們充滿戒備，但很快就接受人們的食物。他們到底是什麼人？這引起了科學家的興趣。

兩個綠色孩子很難習慣一般人的生活環境，其中一個在很短時間內就去世了，另一個也只存活了兩年。在這兩年的時間裡，他學說了一些當地話，告訴人們他如何來到這裡。他們生活的地方終年沒有光明，可見他們不是外星人，沒有太空裝和 UFO；可他們又完全不像地球人。

對此，科學家提出種種設想，他們會不會是作為外星人的實驗品，被送到地球上呢？我們的科學家不也曾將一些動物作為實驗品，送往太空嗎？也有科學家堅信他們是外星人。

不過迄今為止，科學家也不知道地球外的生命到底是什麼樣子，或許真有像綠孩子的外星人，可他們的居住地在哪裡呢？諸如此類問題，都在等待科學家提出滿意的解釋。

地理祕境
世上真有藍色人種嗎

地理祕境

恐怖而神祕的百慕達三角區

所謂百慕達三角，是一個三角形海域，北起百慕達，西到美國佛羅里達洲的邁阿密，南至波多黎各。自一九四五年起，除卻機械故障、政治綁架和海匪打劫等原因，數以百計的飛機和船隻神，神不知鬼不覺在這片四十萬平方英里的海面上消失。因此，這片海域有了「魔鬼三角」、「惡運海」、「魔海」、「海輪的墓地」等稱號，而這些稱號又更加渲染出恐怖、神祕的氣氛。

○ 百慕達三角究竟發生了什麼

二十世紀以來，如數眾多的奇異事件在百慕達三角發生，其中而最令人不解的，大概是一連串的飛機和輪船失蹤案。

一九四五年十二月五日，一個飛行中隊的五架飛機正在進行飛行訓練，它們從佛羅里達的勞德代爾（Fort Lauderdale）海軍航空基地起飛，按照既定航線飛行三百英里，線路是佛羅里達半島——向東巴哈馬群島——勞德代爾堡，途中需飛越大西洋。

然而，到巴哈馬群島的上空時，飛機卻失控，繼續向北、向東飛行，沒有向南、向西折回，結果離大陸越來越遠，飛機最終在大西洋深海前行的途中耗完汽油，沉入大海。

一九四八年十二月二十七日，舊金山機場起飛了一架 DC-3 型大型民航班機，班機會經過百慕達海域上空，會在次日凌晨四點三十分在機場降落。可是當機場做好接受飛機著陸的各項準備，機場卻一直沒有等到這架DC-3型班機——班機神祕消失，機組人員和乘客全部喪生。要知道，機場在班機臨降落的一分鐘前還保持聯繫，並沒有出現任何異常情況。可是即將降落時，卻一瞬間失蹤了！

不僅途徑百慕達三角的飛機發生了很多怪異事件，途徑此處的輪船也是如此。

一八四〇年八月，法國帆船洛查理號，航行在百慕達的海面上，有人突然發現這艘船好像沒有方向似的，只是隨著風向漂浮。深感奇怪的人們靠近船，卻沒有在船上發現任何一個人，貨艙裡卻裝著完好無損的貨物，還有沒人碰過的新鮮水果。船上的人哪裡去了？船上到底發生了什麼？沒人知道。

一八七二年，在亞速群島以西一百海裡的地方，人們發現了漂浮的雙桅船瑪麗．賽勒斯特號。船上除了沒有人以外，佳餚安靜擺在船艙餐桌上，茶杯裡有喝剩的水和咖啡，牆上掛的鐘錶也能夠正常走動，說明船沒有遭遇大風浪；至於船上的人如何消失，完全無法解釋。

一九四四年，古巴籍貨船魯比康號，在同一海域出現了同樣的情況；不同的是，有一隻狗孤獨躺在這漂浮不定的船上。

一九六三年，美國籍油輪瑪林．凱思號在經過百慕達海域前，還曾向岸上通報一切正常，可是此後它卻神祕失蹤了。令人震驚的是，裝有現代化導航和通訊設備的瑪林．凱斯號失蹤得非常徹底，沒有留下一點油跡。

還有更神奇的事情，一九三五年八月，義大利貨輪萊克斯號上的水手，眼看著海浪在他們眼前，將美國縱帆船拉達荷馬號逐漸吞沒，他們還奮力救起落入海中的水手。五天後，萊克斯號的水手，卻又被眼前的畫面所震驚：拉達荷馬號竟然又重新漂浮在了海面上！

明明已經沉沒的船，怎麼可能重新出現在海面上呢？

○百慕達失蹤者居然再現

一九八一年八月，英國遊船海風號，經過百慕達海區時神祕消失，船上六人也都瞬間不見了；誰知八年後，百慕達海區內又現出了海風號的身影，船上六人也奇蹟般絲毫未損。不過，這六個人好像失憶一樣，並沒有察覺到已經過去了八年，他們以為僅僅是過了一霎那。

一九八九年，菲律賓漁民救起了二十五名美國士兵，而這二十五名士兵，居然是一九四五年美國海軍印第安納波利斯巡洋艦上的士兵，因遭到日本潛水艇襲擊，而與巡洋艦一起沉入了南太平洋。二十五名美軍士兵在一個海軍救生艇中，向菲律賓人發出了求救訊號，那時他們正漂流在西里伯斯海，他們所處之地也是神祕失蹤事件頻發的區域，被稱為「南太平洋魔鬼三角」——即龍三角海區；而令人吃驚的是，那些重新出現的士兵都沒有變老，就像四十五年前一樣。他們則認為自己在海上不過漂流了九天，而實際上已經過去四十五年。

一九九〇年八月，帆船尤西斯號被發現於委內瑞拉加拉加斯市的偏僻海灘上。二十四年前，這艘船經過百慕達三角區時，在颶風中神祕失蹤，卻再度出現。土著居民救起了帆船上的三名船員，將他們送到了加拉加斯市。醫生檢查後稱，雖然過了這麼多年，三人卻一點也沒衰老的痕跡，好像對他們來說，時間完全靜止了一樣。三個船員稱，當時為了捕捉馬林魚，他們向著艾路巴小島揚帆出海，然而颶風忽然而至，很快烏雲密布、電閃雷鳴，海上起了大風浪，三人趕緊向岸邊駛去，後來他們的船就擱淺了；而當他們向救起他們的土著居民詢問時，才知道已經是一九九〇，而不是他們出發的一九六六年了！

○ 究竟誰在作怪

百慕達三角經常會出現這種奇異的事件，那麼究竟是誰在這裡作怪呢？

一九五一年十月，亞速群島西南方向的海面上，航行著一艘巴西軍艦，但後來軍艦和軍艦上的人全都神祕失蹤。第二天為了找尋軍艦及水手，巴西派出了飛機和艦船。在搜尋過程中，一架飛機從海面飛行時，發現海面下有一個龐大的黑色物體，其速度令人震驚。說明這種物體絕不可能是海底生物或魚類。這天晚上和次日凌晨，有人還發現一種極亮的光從此片海域發出，非常奇異，但誰也不清楚這兩種東西真正來源於哪裡。

一九六三年，在波多黎各東南部的海面之下，美國海軍也發現了一個潛行的不明物體，其前進的速度也相當快。美國海軍立即派出一艘驅逐艦和一艘潛水艇，可是這個不明物體不僅移動速度快，而且潛水能力相當奇異，居然可以下潛至深海的八千公尺以下，海軍很快就難以追蹤它的去向。它的真實面目沒有人能知道，海軍只看到它的尾端有螺旋槳。

一九七二年九月，美國貨輪惡夢號經過百慕達三角海域時，突然全船陷入了恐怖的黑暗中，用於辨別方向的羅盤接著失靈。水手只能根據陸地上的燈光定向，很快將行駛方向定為西方。可是航行了片刻之後，他們才發現船的行駛方向是朝北，但不管怎樣，他們也無法將航向改變過來。就在這時，一個龐大的黑色物體突然出現在天空中。隨後一道刺眼的光射入空中的物體；過了一會兒，物體消失了，惡夢號也恢復了正常。

一九七七年二月，百慕達三角海域上空，飛過一架私人水上飛機，乘客正在用餐，他們發現刀叉都變彎了，羅盤的指標也嚴重偏離，便加速逃離。順利返航後，令他們驚奇的是，磁帶放出的聲音，夾雜著大海浪的噪音。

○「百慕達現象」能否得到科學的解釋

對於百慕達三角區的種種怪異現象，科學家一直在探索研究，希望能找到原因所在，不過迄今為止還沒有找到最終的答案，也只能根據現有的種種資料做出一些解釋，而比較有代表性的是下面這幾種。

（一）磁場說：在這諸多的奇異事件中，最常發生羅盤失靈，因此科學家認為這與地磁異常有關；同時人們注意到，農曆月初和月中，是百慕達海域多事的時間段，而月初和月中時，月球對潮汐的作用最為明顯。我們知道，地球的磁場有地磁南極和地磁北極，它們的位置會不斷變化，如果地磁異常，羅盤就會失誤，導致迷途。

（二）黑洞說：天體中的晚期恆星，所具有的高磁場、超密度的聚吸現象，即黑洞。黑洞雖然用肉眼看不到，但具有吞噬一切物質的能力。不少科學家認為，百慕達海域機船的神祕失蹤事件，與黑洞吞噬的現象很類似，難以解釋的是，為何機船的消失只是霎那間的事情。

（三）水橋說：據說，百慕達三角區的海底有一種潛流，與海面潮水的湧動流向截然相反。在太平洋東南部的聖大杜島沿海，人們發現了失蹤於百慕達三角區的船隻殘骸。把船隻殘骸推到島上來的只有這股潛流，如果上下兩股潮流發生衝突，就可能發生海難。待海難過去，潛流會將船隻殘骸拖到很遠的地方，因而人們在失事現場找不到遇難的船隻。

（四）次聲波說：物體振動產生聲音，而物體振動的頻率有大有小，聲音就有了低渾、尖脆之分，如果振動頻率低於每秒二十次，所產生的聲音就屬於次聲波，人耳無法聽見。這種聽不見的次聲波破壞力極強。次聲的產生及強度在百慕達三角海域大大加劇，因為複雜的地形，產生的原因也就有很多，比如波多黎各海岸附近海底火山的爆發、海浪的波動、海溫的變化。

（五）晴空亂流說：作為一種非常特殊的風，晴空亂流產生於高空中。如果風速夠大，風向的角度就會改變。次聲波有時會伴隨風速突然改變而出現，這就是「空蝕」現象（Cavitation）。飛機一旦遇上「空蝕」就會強烈震動，嚴重甚至可以撕碎整架飛機。

不過，這些解釋也僅能視為假說，而且每種假說只適用於個別現象，百慕達之謎仍然無法徹底解開。何況，除了神祕失蹤事件外，百慕達三角的海域還有其他讓人費解的怪事呢！

點擊謎團——岩石發聲之謎

在美國加利福尼亞州的沙漠中，矗立著一塊巨大的岩石。每當圓月升起時，印第安人就會陸續到巨石旁，看著篝火冉冉升起，他們就會坐在地上，虔誠向著巨石祈禱膜拜。不一會兒，篝火產生的煙霧籠罩巨石。這時，巨石就會發出一陣陣迷人的樂聲，忽而委婉動聽，忽而哀怨低沉。印第安人就會一邊膜拜，一邊欣賞美妙的樂聲。美妙的樂聲怎麼會從巨石中發出？巨石裡面藏有什麼樣的祕密？至今沒有人能解釋。

這種會發聲的巨石，在美國的喬治亞州也有；奇怪的是，只有在此處，巨石才能發出美妙的音樂。如果將它搬離此地，就不可能再發出好聽的聲音了。

科學家針對岩石發聲的問題不懈研究，有的認為，這些巨石發聲的地帶屬於地磁異常帶，在某干擾源發出的輻射作用下，岩石一經敲打就會因為共振而發聲。但除了推測，科學家們迄今也無法解釋真正原因。

火山口上的神祕足跡

尼加拉瓜西部、位於馬拿瓜湖以南的阿卡華林卡（Acahualinca），以前是一個被人遺忘的窮鄉僻壤，而現今卻變成了當今尼加拉瓜的旅遊勝地。

為什麼會有這樣的轉變呢？原來這完全得益於在這裡發現的一處古人類遺址，它就是六千年前，人類在阿卡華林卡留下的腳印，也稱「阿卡華林卡腳印」。這些腳印被考古學家認為是研究美洲古代人類歷史的重要物證，作為古代人類的足跡，有相當重要的科學價值，極為寶貴。

○「腳印」現狀

尼加拉瓜的馬拿瓜這座熱帶山城，傍依在一千平方公里的馬拿瓜湖畔，風光美麗迷人。而腳印就位於馬拿瓜城西北角的阿卡華林卡區，人口密度高，林立著工人居住的平房。阿卡華林卡博物館是一座面積不大的院落，外面圍著高牆，院內的一側也是一排平房，一些腳印的相關資料保存在裡面。院子中央有兩個大坑，深四公尺多，相距不遠。呈長方形的坑有蓬蓋保護，坑底的長廊明顯是經過精心休整，有護欄，遊人可以駐足觀賞，呈方形的坑沒有休整且露天，兩個坑底部都可以看到密密麻麻的人和動物腳印。

長方形的坑有十幾公尺長，六、七公尺寬，大大小小的腳印，印在平整如水泥板的坑底。這些朝向一致的腳印可以看得很清楚，有的腳印雖然比較淺，但可以清楚地看出五個腳趾、略突的腳後跟及淺凹的腳底板，像是雕刻在石頭上一樣。這些古人類腳的大小和現代人類似，腳印中有大人、也有小孩腳，有的腳印很深，好像曾經踩進淤泥又拔出來。

令人驚訝的是，有些動物的蹄印夾雜在人的腳印中，也許是山羊或者鹿，有的很難說清是哪種動物。坑的一端，裸露著筆直的牆壁，可以看到坑底到地面的十四個地質層，顏色各有不同。

露天的方形坑約有幾十公尺，坑底因為沒有覆蓋，落有許多樹葉、雜草等各種雜物，野草也爬滿坑的周圍，但仍能夠看到坑底朝向相同的腳印。而且，兩個坑裡的腳印的朝向完全一致，像是一群人非常慌亂、快速逃向同一個地方。

經考古學家鑑定，阿卡華林卡的腳印所顯示的古人類的痕跡，已有六千多年歷史。起初腳印深埋在地下幾公尺的泥土中，並不是在地面。數千年過去了，大自然變遷和氣候變化，尤其是雨水的作用，使這些腳印在侵蝕和沖洗後重見天日。

○腳印是怎麼來的

對於阿卡華林卡腳印，人們眾說紛紜。難以理解的是，這些明晰可鑑的腳印，是怎麼留在堅硬的石頭上？阿卡華林卡周邊地區的路面，為什麼都是石頭呢？經過分析鑑定，考古學家認為，附近火山爆發時噴出的岩漿冷卻，凝固成為石頭，而在岩漿硬化之前就已經留下了這些腳印。只是岩漿這麼滾燙，人和動物怎麼可能從上面走過？

詳盡考察阿卡華林卡周圍的地形後，科學家發現：這裡地處尼加拉瓜火山密集區，僅南面就有三個火口湖，北面還有著名的馬薩亞火山，曾是一片五十四平方公里的火山窪地。海拔六百一十五公尺的馬薩亞火山，頂峰是常年沸騰的聖地牙哥火山口，隨時沸騰著滾燙的金色熔岩，另有一座活火山在馬薩亞火山旁。

此地區幾千年來不斷有噴發的火山，科學家們猜測，某個火山突然噴發時，毫無防備的人們來不及逃避，只能等火山噴發的間歇找地方躲避，這些腳印也許就是人們在受到驚嚇後，慌亂逃離火山周邊時所留下，熔岩同時硬化了這些留在上面的腳印，而熔岩硬化的過程非常快，只需幾小時就可以從滾燙至冷卻。同時，大量火山灰隨岩漿噴出，覆蓋在熔岩上，好似一層隔熱的蓋子，同時也保留下人們的腳印。

一九一五年，為證實這個推斷，科學家還特意在加利福尼亞的拉森火山爆發現場實地試驗，結果令人滿意。此外，阿卡華林卡周圍的地理情形，只允許人們從北面的馬拿瓜湖逃跑，而腳印的朝向，恰好也與北部的馬拿瓜湖一致。

不過也有另一部分專家反對這種觀點，他們認為，當一個人遭遇危險時，首先想到的是脫離險境，因此火山爆發時他一定是拼命快跑；但從腳印間距看，相隔都很近，更像是人在散步時的腳印，而不是疾速奔跑的腳印，何況還有踩得很深的腳印，泥土埋沒了腳跟甚至腳踝，這種情況只有負重時才會出現。難道人們在逃命之時還背著許多東西？這顯然與常理不符。

還有些專家認為，阿卡華林卡腳印並不是人們為了逃離火山噴發而留下。因為人的腳印朝向為北，而有些動物蹄印的朝向卻有所不同。試想，一切生物面對災難，都有同樣的求生念想，當火山在南方爆發時，人和動物會一致跑向北方。因此這些腳印可能屬於撿拾果實，或者來自不同地方的牧民和獵人。

為了探明阿卡華林卡腳印的真相，出現了諸多的猜測，但至今仍無法抹去它的神祕色彩。人們來參觀時會帶著各種疑團，離開時仍會帶走疑惑和假想。也許有那麼一天，這些阿卡華林卡腳印可以撥開迷霧，也可能永遠成為一個解不開的謎。

點擊謎團——「死亡島」的傳奇

哈利法克斯處於北美洲北部、加拿大東部，距離它一公里左右的北大西洋上有「塞布爾島」(Sable Island)——被稱為死亡之島，讓人心驚膽戰。這是個非常荒涼的小島，因為常年風化，島上只剩了些灌木和小草。小島長四十公里，寬接近兩公里。近代一些國家將「塞布爾島」視為禁航區，用各種沉船的符號標注在海圖上以警示。據統計，迄今為止，於此地的遇難船至少有五百艘，五千多人喪生，「死亡島」的名稱由此而來。

然而，這個小島在從歐洲通往美國和加拿大的航線上，卻有重要的地位。經濟全球化的發展帶動國際貿易的發展，大家對於科學家解釋死亡島的現象寄予很大的期望。為了解釋島上的恐怖奇怪現象，種種假說漸次提出：有人認為，「死亡島」是巨浪高發區，船隻來不及躲避就會被瞬間打翻；還有人認為，小島周圍的磁場不同於其他地方，並且變化多端，羅盤等儀器因此會失靈，很容易發生海難。而大多數的科學家則認為，小島位置和面積的多變性、周圍大片的淺灘和流沙、加之異常的氣候和時時發生的風暴，諸多因素極易導致船隻擱淺和沉沒。這樣看來，死亡島的謎底似乎已被揭示，但這些仍是未經科學論證的假說。

通古斯大爆炸之謎

一九〇八年六月三十日，俄羅斯帝國西伯利亞森林的通古斯河畔突然爆炸，人們看到了騰空升起的巨大蘑菇雲，伴以強烈刺眼的白光，草木皆被燒焦，即使人們距離七十公里仍被嚴重灼傷，甚至耳朵也被震聾……

不僅附近的居民萬分恐怖，還影響到了其它國家。在英國倫敦，很多電燈瞬間熄滅；在歐洲的許多國家，強烈的白光出現在夜空中，好似白晝；美國雖遠在大洋彼岸，人們卻也感到了大地的顫動……

在爆炸中，震倒了兩千一百五十平方公里範圍內的六千萬棵樹，事後估計，相當於用了一千五百到兩千萬噸的 TNT 炸藥。之後數週持續影響，歐洲和俄國西部的夜晚好似白晝，看書都不需開燈。據哈佛-史密松天體物理中心和威爾遜山天文台的觀察，至少有幾個月的時間，大氣透明度都有所降低，這就是著名的通古斯大爆炸。

○ 對通古斯爆炸的探究

通古斯大爆炸發生時，俄國沙皇的統治正被動搖，他們無力調查此事。一九二一年，建立於十月革命後的蘇維埃政權派出考察隊，以物理學家庫利克 (Leonid Kulik) 為領隊。

經過一系列考察後，認為是巨大的隕石導致大爆炸，儘管如此，他們沒有找到墜落的深坑和隕石，只找到平底淺坑，大概有幾十個，因此這只是無法考證的推測。

後來庫利克又兩次率隊前去，並從空中勘測。勘測顯示，兩萬多平方公里內都被嚴重破壞。奇怪的是，離爆炸中心比較近的區域內，樹木的葉子被燒焦，但樹幹並沒有倒下；在爆炸區域內的樹木，後來生長速度極快，年輪寬度也增加了三到四點六毫米；爆炸區域內的馴鹿，無一例外患上皮膚病……事過不久，庫利克因為爆發二戰而參軍，通古斯大爆炸的考察中止了，庫利克也不幸犧牲。

一九四五年十二月，前蘇聯物理學家卡薩耶夫到日本訪問，注意到四個月前美國在廣島投下核彈後的廢墟，感覺通古斯和這裡很相似，尤其是燒焦樹木的情形。所以卡薩耶夫大膽設想：外星人駕駛著核能太空船，降落時卻發生故障，因而導致通古斯的核爆。前蘇聯科學界立即回應他的說法，支持者與反對者並存，但依然沒有科學的證據。

針對通古斯爆炸，一些美國科學家在一九七三年又有新見解：黑洞才是引起這次爆炸的最終原因。某小型的黑洞在紐芬蘭和冰島之間的大洋上空的運行過程中，引起了通古斯大爆炸。只是人們對於黑洞的了解還太少，是否存在他們所謂的「小型黑洞」本身還是個問題。所以仍然沒有證據支撐這種見解，通古斯大爆炸迄今仍是未解之謎。

○ 通古斯大爆炸諸多假說

多年以來，人們對通古斯大爆炸的原因有著不同的說法。一九二七年起，人們在尋找隕石碎片的同時，陸續提出各種相關的解釋，以期能夠揭示爆炸的原因。比如隕石撞擊說、核爆說、飛船墜毀說、黑洞撞擊說等，都很具代表性。

（一）隕石撞擊說：作為首位親臨爆炸現場的科學家，庫利克提出，流星隕落導致了通古斯大爆炸。其後，美國科學家利用電腦，類比隕石的高速墜落，其顯示的撞地效果，能解釋通古斯周圍的白晝強光，因為隕落流星衝擊波所帶起的塵埃到達大氣外層後，反射了日光。只可惜，隕石殘骸一直沒有被人們找到。

(二) 核爆說：美國二戰時在日本投放核彈，其所造成的危害給了科學家很大的啟發。核彈爆炸時同樣產生巨響，升騰起蘑菇雲，火柱沖向天空，之後伴以強震、強大的光輻射和衝擊波。所以有人認為，核爆是通古斯大爆炸的原因。

(三) 飛船墜毀說：一九四六年，「熱核爆炸說」的持有者將推測進一步延伸，認為由於訪問地球的太空船故障，才導致了通古斯的大爆炸。

(四) 反物質撞擊說：美國科學家於一九六五年提出，從太空降至地球的反隕石，可能是通古斯爆炸事件的罪魁禍首。反物質的力量很大，比如半克的「反鐵」與半克的鐵相撞，破壞力應該與投在廣島的核彈差不多。

(五) 黑洞撞擊說：兩位美國科學家於一九七三年提出此觀點，小型黑洞又成為科學家們的關注點。

(六) 彗星撞擊說：前蘇聯科學院院士彼得洛夫提出了彗星撞擊說，他認為彗星導致了通古斯爆炸，組成成分是稀鬆的雪團，來自於遙遠的太陽系，速度達到每小時四萬公里，在衝破大氣層時，產生灼熱的氣體。這種灼熱的氣體接觸地面時產生的衝擊波，堪比數顆核子彈，之所以沒有殘骸留下，因為彗星蒸發得很快。

○至今未解的神祕謎團

儘管通古斯大爆炸的真正原因還在探究之中，但大部分科學家都鎖定了一種強動力、低密度、高揮發性、低強度的特殊物質，這些特性使爆炸後周遭很快被破壞，並急速蒸發。從現場來看，這種特殊的物質極有可能是一種雪狀氣體，氣體中已混入高熔點微粒；也或者是彗星，彗星實體的構成成分是氣體和冰。

也有科學家則認為，隕石應該在一百萬噸以上，速度為每小時三十到四十公里。在通古斯的土壤中，含有很多矽酸鹽和磁鐵微粒，而這些微粒看起來與彗核燃燒後很像，也與隕石造成的粉末很像。

不過由於沒有科學的證據，科學家一直都在猜測。比如「反物質」說，認為「反物質」構成隕石，因為「反物質」和「物質」的撞擊導致爆炸。但是，通古斯大爆炸時，人們沒有測到輻射有所加強。另一種設想也很有趣，認為是微型黑洞撞到了通古斯的森林，而最終進入了大西洋。然而，不管這些設想有多不可思議，今天看來都經不起考證，所以也只能稱其為設想。

科學家們還抱有一種普遍的看法：一顆半徑為五公尺的小行星，就是通古斯爆炸的元兇。值得一提的是，幸虧通古斯地區作為爆炸點人口不多。萬一時間往後推遲五小時，小行星爆炸就會發生在莫斯科，就會造成更嚴重的人員傷亡。

小行星一般繞太陽公轉，聚集在火星和木星的軌道間，那裡有一條「小行星帶」。小行星雖有大有小，構成成分有金屬、石塊或塵埃，但由於質量較輕，經常會受到大行星引力的干擾，所以也有可能偏離軌道。科學家認為，如果看小行星撞擊地球的頻率，半徑超過五百公尺的小行星，十萬年撞擊地球一次，破壞力是致命的；而半徑接近五公尺的小行星，三千年撞一次地球。另外，據科學家估算，很多時候，這種風險性都被嚴重低估。

點擊謎團——令人迷惑的無底洞

地球從外到內有地殼、地函和地核三層，因此應該沒有地球無底洞之說。山洞、裂縫、裂口、火山口，這一切都只是地球最外層的形態。但在諸多古籍中，卻多次記載了海外的「無底洞」。比如《山海經》：「東海之外有大壑。」《列子．湯問》：「渤海之東，不知幾億萬里，有大壑焉，實惟無底之谷，其下無底．名曰歸墟。八紘九野之水，天漢之流，莫水注之，而無增無減焉。」

真的有無底洞的存在嗎？確實有，在希臘亞各斯古城的海濱，就有這麼一個「無底洞」。受潮汐運作規律的影響，漲潮就會有大量海水湧進洞裡，容納量可達三萬噸。奇怪的是，這個洞從未被灌滿。也有人懷疑洞的另一端有出口，但是人們從一九三〇年代起就努力尋找，結果卻不盡人意。

一九五八年，美國地理學會的考察隊前去亞各斯古城，欲揭開無底洞的祕密。考察人員將不會褪色的深色染料倒入海中，看到染料隨海水流進無底洞後，然後分散開去尋找帶有染料的海水，希望能隨著海水的流向到達附近的河流和湖泊；然而考察人員仔細觀察後，卻絲毫沒有一點海水被染的跡象，難道是大量海水將染料的顏色完全稀釋了嗎？

事後幾年，考察人員又製造出一種塑膠粒子，呈淺玫瑰色。這種塑膠粒子輕於海水，可以漂浮在水上，也不具有溶解性。考察人員用了一百三十公斤的塑膠粒子，看見它們隨著海水進了無底洞。認為只要任何一粒塑膠粒子冒出，也就是「無底洞」的出口之所在，那麼「無底洞」的祕密不攻自破。然而，經過了一年的尋找時間，塑膠粒子好像人間蒸發了一樣，沒有被找到任何一粒。

流進無底洞的大量海水，最後究竟到哪裡去了呢？無底洞到底有沒有出口呢？一切都沒有準確的答案。

海底下沉之謎

海溝的深度一般超過六千公尺，作為海洋最深的地方，地震頻率高而且強烈。據統計，太平洋周圍的海溝及附近的大陸和群島區，發生了全球百分之八十的地震。並且地震每年釋放的能力非常巨大，與十萬顆核子彈爆炸時釋放的能量差不多。比較有趣的事情在於，發生在海溝附近的地震都是淺源的，震源深度只有對著大陸時才會漸次提高，最深可約七百公里。這些震源如果排列起來，一個從海溝向大陸一側傾斜的斜面，就會展現在我們眼前。

荷蘭的萬寧．曼納茲於一九三二年，利用潛水艇測量海溝的重力，令他奇怪的是，海溝的重力都很小。據板塊漂浮的地殼均衡原理，小重力的地殼塊體會浮在上面，而海溝卻恰恰相反，成為海洋最深之地。曼納茲帶著疑問研究，最後覺得，地球內部有一種強大的拉力，這股拉力導致了海溝的出現。

海溝究竟是如何形成

一九六〇年代，人們在不斷探索中慢慢認識到，新海洋地殼的生長部位，在大洋的中脊頂部。在這裡，每年都會長出三平方公里、寬幾公分的海洋地殼，但是地球表面的地殼卻不會生長。所以為了達到均衡，每年也應該有與新生海洋地殼等量的古老海洋地殼消失。

科學家發現，軟流圈位於岩石圈之下，至少在地下一百到兩百公里以外，那裡熾熱而柔軟，不可能有地震。而如果在堅硬的岩石圈板塊下插入軟流圈，就會導致中、深源地震。全球最頻繁、最強烈的地震帶，就是由海溝地帶兩側的板塊相互碰撞而引起。幽深的海溝也是由沉潛的海洋地殼所形成。這樣看來，曼納茲的理論不無道理。

神祕的力量

那麼，導致海洋地殼潛入地下的究竟是怎樣一種力量呢？

有日本學者認為，岩石圈之所以很容易沉入軟流圈，是因為軟流圈的密度明顯低於岩石圈的密度。在整個俯衝過程中，岩石圈的密度會隨著壓力和溫度的變高而增加。在生活中我們有類似的經歷：將毛巾一角浸入水中，浸過水的毛巾角，很可能會將整條毛巾帶入水中。而太平洋板塊的運動速度最快，海溝最長，所以研究人員認為，板塊運動的重要動力，很可能就是下插板塊的下墜作用。然而近年來的測量表明，洋底板塊內部占優勢的是壓力，這個科學事實對重力下沉的說法，無疑有很大的衝擊。

另外，還有一些學者持地函物質對流作用的觀點：彙聚下沉的地函流，將板塊拉到了地函中，因為海溝處於下降的地函流區。

這一看法與上述萬寧．曼納茲的看法有共通之處。但是，對於地函對流還沒有證據可以說明。並且有學者指出，地函流的成分太過黏稠，要對流似乎很難。因而海底下潛的問題，仍需要科學家付出長期的努力才可能解決。

相關連結——神祕莫測的「海底人」

近年出現了很多在各大水域發現高等生物的傳聞，科學家推測，可能真的有一些「海底人」生活在深海某處，並且擁有高度智慧。

影響力最大的相關傳聞，應該是一九五九年發現於波蘭格丁尼亞港的海底人。當時人們看見這個人在沙灘上非常疲備的走著，於是將他帶到醫院治療。結果這個病人非常奇怪，不僅穿著無開口的金屬衣，而且手指、腳趾、甚至血液循環系統和器官都與常人不同。就在人們想要深入研究時，這個人卻忽然間不知去向。

科學家猜測，可以同時適應空氣和海水環境的「海底人」，可能是史前人類的一個支系。人類起源於海洋，一直是大家樂於接受的觀點，而現代人身體沒有很長的毛髮、樂於吃腥味的魚蝦、必須攝取適量的食鹽、以及能夠游泳等特點，可以作為海洋起源說的支撐點。人類在演化過程中可能根本就向水、陸兩個方向發展。陸地上的成為「人類」，水中就發展成為我們所說的「海怪」。

然而也有反對的聲音，有學者認為，這些海中的動物很可能是外星人，他們遠比人類智慧。外星人生活於深海，或許還建造了基地，並且對人類的動態密切關注。在科技更發達的將來，如果我們得以發現深海文明，不知是否能與「海底人」建立深厚的友情呢？這個還真不好說。

南海的「魔鬼三角」

位於中國、中南半島、菲律賓群島、加里曼丹島（婆羅洲南部）和蘇門答臘島之間的南海，面積三百五十萬平方公里，最深處五千五百五十九公尺，均深一千兩百一十二公尺。南海的東北是臺灣海峽，連接東海，東部與太平洋相隔巴士海峽，南部是麻六甲海峽，是通向印度洋和緬甸海的樞紐。

○ 神祕的失蹤事件

世人沒有關注曾經發生在南海的零星船難，但是一九七九年五月，三艘海輪在十個月內連續失蹤，使人們大為震驚。

首先遭噩運的是海松號。一九七九年五月，菲律賓貨輪海松號航行在南海海面。海面非常平靜，天氣也十分晴好，一切愜意。然而，就在這樣的環境下，馬尼拉南港的海岸防衛隊，卻突然收到了一個緊急訊號：海松號遇難，在呂宋島以北、臺灣以南的海域與陸地切斷了聯繫。事情發生後，大規模的救援和搜索展開，但都無果而終。重上千噸海松號神祕失蹤，同時帶走了二十五名船員，有菲律賓人也有日本人。

一九七九年十二月十六日，由菲律賓馬尼拉駛往臺灣的安古陵明號貨輪神祕消失，地點與海松號為同一海域。

一九八〇年二月十六日，東方航運公司的東方明尼空號改良式貨輪，正在香港與馬尼拉間的海域航行，這艘貨輪設施非常先進。東方航運公司馬尼拉辦事處接到貨輪發來的求救訊號後，就再也聯繫不上船上人員。載重上千噸的東方明尼空號消失了，三十名菲律賓船員也消失了。

這些事件之後，南海引起了世人的關注，被稱以「魔鬼三角區」。

○ 誰在「魔鬼三角區」興風作浪

南海三角區的海難事件頻出，有心的人們發現了這些事件的兩個特點：首先，事情發生之前沒有任何預兆，船員沒有任何準備，事情發生得相當突然；其次，船隻和船員失蹤得神祕徹底，不留一點痕跡，南海「魔鬼三角區」的恐怖可窺一斑。

其實，南海「魔鬼三角區」的事情，早在距今七百多年時已為古人發現並記載，比如南宋周去非的《嶺外代答》：「海南四郡之西南，其大海曰交趾海，中有三合流，波頭噴湧，而分流為三，其一南流，通道於諸藩國之海也；其一北流，廣東、福建、浙江之海也；其一東流，人於無濟。茍入無風，舟不可出，必瓦解於三流之中。」大致意思是說，南海的交趾海域中，分別有一股南流、一股北流和一股東流，即使海上沒有什麼風浪，船隻也無法在其中航行，一定會消失在三股流之中。

那麼，到底誰是什麼東西，導致南海「魔鬼三角區」的船難事件呢？對此，專家眾說紛紜，主要說法有以下幾種。

（一）天體因素：少數學者認為，當三個天體連成一線時會影響地球，增強地球局部區域的引力，比如太陽、地球和月球的組合，或者月球、地球與一個強宇宙電波源星體的組合。而南海「魔鬼三角區」因為處在「引力點」上，船隻就會因引力的作用而遇難。

（二）洋流因素：南海海域比較特殊，沿岸流、南海暖流和環流、黑潮分支等都在南海海域交匯。加之又有颱風和季風的作用，上升流和海洋漩渦便會頻繁形成，這些很有可能導致海難，而不是魔鬼在操縱。

（三）地形因素：南海海域的地形非常複雜，而且有著大量的島嶼，還有一個珊瑚礁遍生的大平原，總之險象環生、峽谷縱橫。勘察人員認為，就是這些因素使南海有了「魔力」。

（四）外星因素：有些研究人員發揮想像，解釋南海「魔鬼三角區」的失蹤事件。他們認為，南海海域藏著一個外星文明建造的基地，好像百慕達一樣，外星人將經過的船隻和船員擄走，所以才不會留下痕跡。

新知博覽——神奇的「迪安圈」

一九八六年七月六日的一個深夜，英國溫徹斯特鎮的彭奇波爾山坡上，作家安德魯和電機工程師迪加多安靜坐著，他們攜帶望遠鏡、照相機和答錄機，關注著山坡下的玉米田。淩晨四點，毛毛雨下起來；小雨停後，天空有點白。此刻他們忽然發現，三百公尺之外的玉米田中，出現了一個巨大的圓圈，他們看見畫圓的過程，卻看不見是什麼將圓畫出來。

他們跑過去觀察，發現圓圈內的玉米呈旋渦狀倒伏在地上，玉米稈壓得很平，卻沒有折斷，圖案看起來很整齊。壓痕呈順時針方向，圓圈外的玉米絲毫沒有受到影響，依然直立。

人們最早發現迪安圈，是一九七五年，在英國漢普郡的田野中發現了漩渦，而同樣的事情也發生在一九七八年。

多年關注和研究迪安圈後，迪加多和安德魯總結出一個規律：迪安圈出現的地點一般比較固定，如彭奇波爾、漢普郡和威爾郡，而且出現之地常發生意外事故。比如威爾郡，人們在一九八七年夏天發現了迪安圈後，沒多久就發生事故：海鷹號的飛行員，從機艙內彈出來。詭異的是，他的屍體橫在了威爾郡的迪安圈旁，飛機墜落在大西洋裡，距離愛爾蘭四十五公里。至於究竟為何會出現「迪安圈」，「迪安圈」的出現又有怎樣的規律，還需要科學家的進一步研究。

南極奇湖——熱水湖

白茫茫的雪、堅硬的冰、徹底的寒冷，是南極洲給人們的普遍印象，再者就是極光、永晝、永夜、冰蓋等一系列自然現象；然而令人吃驚的是，南極洲發現了一個熱水湖，水溫居然高達攝氏二十五度。

這個被稱范達湖的熱水湖，是一個鹹水湖，含鹽量比普通海水高五到六倍。它位於南極洲麥克默多乾燥谷，湖深六十六公尺，表面也有極薄的冰層，冰層下為零度；但到了水深一一點五到四十公尺之間，水溫就達到了七點七度；再往下到達六十六公尺的湖底時，水溫忽轉為二十五度。人們無法解釋，為什麼會在乾冷的南極洲，會出現這樣一個熱水湖？

○ 關於熱水湖的兩種學說

圍繞著南極為何會出現熱水湖的問題，科學家深入考察，也提出了各種各樣的看法，對形成原因爭論不休；其中，太陽輻射說和地熱活動說受到最多關注。

持太陽輻射說觀點的科學家認為，熱湖是積蓄太陽的輻射能量。南極的夏季日照時間長，湖面接受的太陽輻射也較多，從而導致湖面水溫升高；冬季時，水面結冰，密度變大；再到夏季時，表面水的密度仍然很大，於是溫暖的表面水下沉，湖底水溫升高。

對這一說法，也有人持反對意見。按照這一觀點，雖然夏季相對較長，但天氣卻不晴好，在陰沉的天氣狀態下，大氣反射的太陽輻射多，到達地面的就少。而且冰面的反射能力強，能反射百分之九十以上的輻射能，所以水溫不可能升太高。另外，即使密度大的暖水下沉，根據熱對流原理，水溫應該是整體升高，而不可能只有湖底水溫升高。

這樣，太陽輻射說就很難站住腳了，地熱說逐漸占上風。地熱活動說則認為，范達湖與羅斯海相距五十公里，羅斯海則靠近墨爾本火山和埃里伯斯活火山，這兩座火山都處在活動期，故這一帶的地底岩漿活動頻繁，經常會有岩漿上湧。考慮到地熱因素的話，湖水出現上冷下熱現象也屬正常。

這一直觀的解釋，更易於為人接受，但之後的國際南極乾燥谷鑽探計畫卻表明，范達湖周邊地區不存在地熱活動，那麼地熱說也被否定了。

○ 太陽輻射新說

隨著地熱說被否定，太陽輻射說重新被人們提起。美國學者威爾遜和日本學者鳥居鐵也，就是太陽輻射說的主力派。而且經過多年研究，他們還提出了新論點，獲得了更多支持。

他們認為，在夏季終日陰沉、冰面強烈反射等因素的影響下，南極地面只能接收到極少的太陽輻射。但由於冰是透明的，有一定的折射率，湖水表面下的冰層也可以獲得一些太陽輻射能，加之范達湖地區常有大風，風會將冬季留下的積雪吹走，積雪層會變薄，岩石會裸露，這樣的結果，就是地面熱量在夏季會增加。長期下來，湖面表層及以下的冰層就會升溫，直至融化。這時由於湖底有密度大、鹽度高的特點，底層的水就不會上升，高溫就得以保留。同時，湖面表層在冬季時雖然會結冰，但卻對下層的水形成了一種保護層，使下層水不會散掉太多熱量，底層就更可能有高溫。

科學家還發現，范達湖底層的水溫仍然在逐漸增高。科學家檢測到氯化鈣的成分，這很利於積蓄熱量，更支持了太陽輻射新說。

然而，太陽輻射新說也有反對者。曾經作為地熱說擁護者的學者就認為，太陽輻射新說有太多的想像成分，至於可以讓人信服的證據則基本沒有。比如，雖然冰層有折射率，那麼十幾公尺厚的冰層，又能有多大的折射率呢？有什麼科學依據可以證明，是陽光通過冰層，將水溫升高的呢？如果真的是這樣，那麼熱水湖就不會只有范達湖這一個，應該會有很多。

出於這些考慮，地熱說的支持者仍然堅持地熱說，即使有鑽探計畫的證明，他們認為只是因為鑽孔太少，沒有達到深度，否定南極地熱活動的說法未免太絕對。而謎團至今還沒有揭開，還有待於科學家進一步的探索和研究。

相關連結——海底玻璃是怎麼回事

科學家在大西洋海底找到了很多玻璃塊，而且體積巨大，令人稱奇。

英國曼徹斯特大學的科學家，為了探究這些海底玻璃的存在，展開仔細研究。經考察，他們認為要製造這些體積巨大的玻璃塊，對人類來說是不可能的，所以不可能是人類丟進海中。有人認為，海底的玄武岩在高壓的環境下與某種物質發生反應，使玄武岩生成了膠凝，最終成為玻璃。若果真如此，我們生產玻璃的觀念就要修正了。因為今天，任何一塊玻璃的製造都需要攝氏一千四百到一千五百度的高溫。生產過程並不容易，而其中的耐火材料與高溫玻璃溶液反應後，會釋放出有害氣體，嚴重影響人體健康。而高壓環境如果可以代替高溫，就能轉變這種有害健康的製造方式。

懷著對這個設想的期待，化學家採集海底玻璃附近的花崗岩，並在實驗室中加壓至四百大氣壓，看能否真的形成玻璃，結果卻失敗。那麼到底經過了怎樣的反應過程，才能形成海底玻璃？沒有人可以解釋。

奧勒岡漩渦

人們所說的「奧勒岡漩渦」，介於美國奧勒岡州格蘭特山嶺和沙甸之間。這裡有一座傾斜程度堪比薩斜塔的木屋，看起來非常古樸。如果你走進這座木屋，會立即感受到一股奮力將你往下拉的巨大力量，好似地心引力突然加強；倘若你往木屋的某個角落後退，還會感受到木屋中心有一股力量拉住你。

在這座神奇的木屋中，所有漂浮的物體都會像龍捲風一樣成為旋渦狀。在小屋中飄蕩的煙霧，不會受到自然風的影響，會由起初的緩慢流動，逐漸加速成旋渦狀。好像有人在空中不斷攪拌，形成了漩渦般的氣流。

究竟是什麼力量，令這些物體呈現漩渦狀？這種漩渦是如何產生？

○類似「奧勒岡漩渦」的現象

不只是奧勒岡，這樣的漩渦現象也出現在世界其他地方，比如烏拉圭的一處溫泉療養區。在這裡如果汽車停下，就會受到一種無形力量的拉動，平坦路段的汽車會自動滑行幾十公尺，正在上坡的汽車則會爬坡幾公尺，非常奇怪。

在美國猶他州，有一條長五百公尺左右的斜坡道，被稱處於「重力之山」。當車輛從坡上駛下，卻會在斜坡的中段停住，車子就會像被拉著一樣向坡頂後退；但是籃球和嬰兒車從坡上往下時，卻不會出現爬坡的情況。人們多次實驗後發現：越重的物體，越容易產生爬坡的現象。

作為古人類穴居遺址的西諾亞洞，由一明一暗兩洞構成，它位於辛巴威境內。這個深潭看來與其他潭水相差無幾，卻擁有一種「魔力」。這個只有十公尺寬的深潭，任何人都不能將石頭從潭的這一邊投到另一邊，因為被丟出的飛石總會迅速掉入水中；更有甚，飛速的子彈也無法到達對岸的石壁，同樣會墜入水中。

○漩渦的祕密在哪裡

奧勒岡和另外這幾個地方，為什麼會出現奇怪的漩渦現象？真的是地心引力忽然加強了嗎？

科學家希望能夠解開「奧勒岡漩渦」之謎，進行了長時間的考察。他們將一個重二十三公斤的鋼球，用鐵鏈吊到木屋的房梁上；然後他們注意到，往下垂著的鋼球，傾斜為某個角度，朝向木屋的中央，完全不符合萬有引力定律。同時，如果沿鋼球傾斜的方向推很容易，要往相反的方向推卻相當難。

科學家稱，「漩渦」的所在地，應該也有源於彗星的特殊物質，就像百慕達的情況一樣。地心引力為一定值，自地殼形成後就基本上已穩定了，但並不代表其他一些星球也一樣，比如太陽中心區域，就比地球的引力大。萬一太陽熄滅，從太陽中取出的任何一塊物質，都可能產生百慕達三角的效應。雖然地殼保護了地球免遭地外物質入侵，但地表的某地仍然保留著外來物原有的引力和磁場。

牛頓曾設想：如果站在高塔上，順著水平方向將一小石子拋出，由於地心引力的作用，小石子會逐漸向下掉，並最終落到前面不遠處。假設將拋石子的力量加大，石子的路線得以與地球表面的曲率相等。這樣的話，石子就像拋到了地平線以外，永遠不會落下；如果運動的石子不會因為大氣的摩擦而減速，它就能夠繞地球轉動，如同衛星一樣。

牛頓的設想，帶動了現代航空事業的高速發展，但是飛機經過百慕達三角時會神祕消失，似乎顯示了百慕達有外來星球的物質。而出現漩渦的地區，也可能有其他星球的特殊物質。那麼到底會是些怎樣的物質呢？極有可能是鐵、鎳成分極高的金屬合金體，而且，有可能比地球核心物質的超距力要更強大。

當然，這也僅是科學家的推測，至於真相，還有待於科學家的進一步探索。

相關連結——大西洋深處的黑潮

在離大西洋海域不遠的亞速爾群島附近，法國海洋科學考察船巴米羅亞號，在水下兩千五百公尺處，檢測到一股來自海底的黑色潮水。黑潮水量巨大，有兩百五十公尺長、六十公尺寬，並且可以看到三十多個圓錐形的洞隙，不間斷噴出攝氏三百六十度的水流。這些高溫水流一旦噴出，立即濃縮降溫，匯成黑色水流，而即使是探測用的最強光，也無法穿透這漆黑的海水，可見範圍僅在十公尺內。

這股黑色的潮流令人費解，例如儘管水流高溫達到三百六十度，卻不沸騰；黑色潮流內部沒有生物活動，周邊卻有很多蝦和貝類。透過模擬分析，科學家試圖解釋：水流不會沸騰，是因為水下兩千五百公尺的環境下，水的沸點應在四百度左右；水流之所以在剛流出洞口時是透明的，是因為高溫；而當水流離開了洞口，水溫忽然降低，其中的物質就會因物理變化，變為黑色；黑色的水流中沒有生物，是因為黑潮中含有銅、鋅等有色金屬物質，不適於海洋生物生存；海洋生物密集在黑潮的周邊，則是由於高溫環境下，浮游生物繁殖的速度快，海洋生物來此覓食。

也有科學家認為，有與人類相似的高等智慧生物生活在大西洋中，且他們的文明和科技都要優於現存人類。也因為這個原因，人們所見不明飛行物不是從外星空而來，而是出於地球上的高等生物。據記載，不明飛行物經常出自海洋，最後再回歸海洋。同理，黑潮也很可能是深海中智慧生物的作品。

不過至今為止，大西洋黑潮的祕密也沒有答案。相信隨著時間的推移，科學技術的發展，大西洋海底的祕密將一一被揭開。

北緯三十度線之謎

在地球北緯三十度線附近的地區，既有許多奇特的自然景觀，又存在著許多難以令人解釋的奇怪現象，多少年來一直困擾著人們。

○ 北緯三十度線處的自然奇蹟

從地理布局來看，這裡既是地球山脈的最高峰——珠穆朗瑪峰的所在地，又是海底最深處——西太平洋馬利亞納海溝的藏身所。同時，它還是中國長江、美國密西西比河、埃及尼羅河和伊拉克幼發拉底河等著名河流的入海處。

而更令人感到奇怪的是，這條緯線又分布著許多世界謎題。比如，恰好建在地球大陸重力中心的古埃及金字塔，其工程浩大複雜，堪稱古代建築史上最偉大的奇蹟之一，反映了人類祖先燦爛的文明，還建有令人難解的獅身人面像，北非撒哈拉沙漠達西里的「火神火種」壁畫、傳說中的大西洲沉沒處、以及令人深感恐怖的「百慕達三角」等等，都匯聚在此，不能不令人感到驚奇和蹊蹺。

○令人恐怖的北緯四十度線

而與之相鄰的北緯四十度線，則是令人恐怖的地震死亡線。在這一地區所發生的災難性地震，除中國的唐山大地震外，死亡在兩百人以上，或地震等級達七級以上，就有幾十次。比如日本三陸的八級地震、葡萄牙里斯本的兩次八級地震、土耳其埃爾津詹的八級地震，以及美國舊金山的八點三級地震等，都造成了嚴重的災難，北緯四十度線也就被人們稱為「地震恐怖線」。

北半球這兩條相鄰的緯度線，為何會成為一個怪事不斷、災難隱伏、令人恐懼的神祕地帶？是純屬巧合，還是「造物主」的有意安排？

當然了，也許這些真的只是巧合。如果我們拋開這些緯度線，在任何經度線上也都含有許多「神祕」之處，因此也就不要將北緯三十度線之謎當成什麼重大發現，而疑神疑鬼了。

點擊謎團——北緯三十度的神祕地帶

在北緯三十度附近、美國加利福尼亞州聖塔柯斯鎮的郊外，有一個神祕的地帶。這裡本是一片茂密的森林，但讓人不解的是，這裡所有生長的大樹，都朝同一個方向大幅傾斜；而更令人狐疑的，是人進入此處後，無論如何也無法垂直站立，身子會不由自主與樹木向同一個方向傾斜而不跌到，而且還能穩步如飛，不費力行走。即便是空中落下的物體，包括鳥類，也都朝著同一個方向傾斜，完全違反了牛頓的萬有引力定律，但至今仍無人能解釋。

海上光輪之謎

儘管現在人們已經揭開了許多海底的祕密，但是至今仍有很多謎團人類無法解開，「海上光輪」就是其中之一。

○神祕的「海上光輪」

一八八〇年五月的某個晚上，波斯灣海面上航行著的美國的「派特納」號輪船。突然，兩個半徑為兩百五十到三百公尺的圓形光輪，分別出現在船的兩側，並且輪換著圍繞此船旋轉，它們幾乎要與輪船擦邊，一直跟隨輪船前進，歷時二十分鐘後消失。

一八八四年，有人在英國某協會會議上，宣讀了一條船的航行報告。其中提到有兩個運動的光輪，旋轉著接近輪船。光輪接近時，桅杆突然倒掉，並伴以濃重的硫磺味。船員稱這兩個光環為「燃燒的砂輪」。

一九〇九年六月十日淩晨三點，在麻六甲海峽中航行著一艘丹麥汽船。突然，船長看到海面上出現了一個在空中不斷旋轉的光輪，轉了很長時間才消失不見。

一九一〇年八月十二日夜裡，荷蘭瓦倫廷號在南海航行，船員也發現一個「海上光輪」，同樣飛速旋轉了一陣子才消失。

據統計，印度洋或印度洋的鄰近海域常常出現「海上光輪」，而其他海域幾乎未曾見到。

○「海上光輪」的種種假設

對於海上光環現象，人們也做出了種種推論和假設。

有人認為，旋轉的光圈是由船上的桅杆、吊索或者電纜結合產生；也有人認為，海洋浮游生物也可能發光形成海上光輪，而如果海洋浮游生物受到相互干擾兩股海浪的影響，牠們的運動可能形成旋轉的光圈。但這只是一種假說，人們見到的「海上光輪」產生在靠近海面的空中，而不像浮游生物那樣直接在海水表面。

於是，另一種猜測也誕生了：「海上光輪」可能是球形閃電的電擊，或其他物理現象造成。但這也僅僅是猜測，沒有確切的證據。

如今，「海上光輪」仍是不解之謎。目前來看，人們對「海上光輪」還知之甚少，我們寄希望於海洋科學家，希望他們可以早日揭開這個謎團。

點擊謎團——「赤道巨足」現象

一位西班牙畫家搭飛機，當經過瓜亞基爾城上空時，他向下看了一眼，結果所看見堪稱人間奇觀：赤道上出現了一頭巨獸和一隻像人腳的巨足。畫家喜出望外，立即用相機記錄下這一畫面，並於返程後完成了兩幅作品。赤道巨足一時間為世人所知，為了看到這一奇觀，人們紛紛跑到厄瓜多。

那麼，這一奇觀到底是如何形成的呢？是出自於大自然之手，為人類所作？

赤道穿過厄瓜多的首都基多，基多在歷史上曾屬於古印加帝國的一部分。在赤道上，古印加人曾建造過太陽神廟，並於每年的六月二十一日舉行盛大的儀式，因為當天太陽剛好直射赤道。那西班牙畫家發現的赤道巨足，會不會是拜古印加人所賜呢？

有人認為，所謂巨足其實是火山爆發後，岩漿冷卻凝固後的形狀，純屬巧合；也有人認為，巨足只是花崗岩常年風化後，形成的模樣；還有人認為，古印加人是巨足的創造者，只不過他們加工了自然地貌。然而這些也都僅僅是設想，目前還無法證明誰的觀點是正確的。

「雷姆利亞」大陸為何消逝

傳說，雷姆利亞大陸（Lemuria）在遠古時沉沒海中。十九世紀末、二十世紀初，大陸漂移說還不成熟，英國和德國的動物學家研究狐猴種群在馬達加斯加和印尼的分布狀況時，曾經提出「雷姆利亞」大陸是否存在的問題。他們猜測，「雷姆利亞」大陸如果曾經存在，那麼會是聯繫非洲南部與印度半島的重要樞紐，南非和東南亞的狐猴都來自雷姆利亞大陸。

有學者稱，雷姆利亞作為一種古文明，曾經與亞特蘭提斯處於同一時代，所處之地有時又稱作姆大陸（Mu continent），位於南太平洋，人們一度認為這裡是人類的最初起源地，進而與伊甸園神話結合。

○ 關於雷姆利亞的種種假設

人們很早就開始假設雷姆利亞大陸的存在，並充滿了想像力，非常傳神。十九世紀後半葉，地質學家就開始探討是否存在雷姆利亞大陸——非洲南部與印度半島之間「地橋」的問題。地質學家推測，現今非洲南部和印度半島間殘留大陸遺痕的島嶼，會不會就是古大陸的剩餘部分呢？

奧地利地質學家梅爾西奧爾．諾依梅爾（Melchior Neumayr）的《古代大陸》於一八八七年出版，書中繪製了侏羅紀時期的世界地圖。在這張地圖上，人們可以看到「巴西－衣索比亞大陸」的角落延伸到「印度－馬達加斯加島」，暗示人們，馬達加斯加和印度曾經相連。

奧地利地質學家愛德華．修斯（Eduard Suess）認為，岡瓦那大陸（Gondwanaland）曾經存在於古生代南半球，非常遼闊廣袤，亞特蘭提斯和安哥拉大陸則存在於北半球。

德國生物學家恩斯特．海克爾（Ernst Heinrich Philipp August Haeckel）發現，原本只有在馬達加斯加才能見到的鼠類，也出現在了非洲、馬來半島和印度。據此他認為：新生代時，連接馬達加斯加和印度的「地橋」仍然存在；同時，人類的起源地有可能是沉入海中的大陸。

英國動物學家菲力浦．史克拉特（Philip Sclater）贊同赫凱爾的觀點，並在他的研究基礎上，提議用「雷姆利亞」，稱呼將這個已經消失的「地橋」。

一九一二年，提出了大陸漂移學說，提出者是德國地質學家阿爾弗雷德．韋格納（Alfred Lothar Wegener）。他認為花崗岩和玄武岩構成了大陸和海洋，在漫長的歲月中，大陸一直漂浮在海洋之上分離或結合，地球表面陸地和海洋的分布現狀，正是在這樣的過程所形成。韋格納還認為，岡瓦那大陸在古生代時還是一個完整的整體，在中生代的漂移運動後，在新生代第四紀冰河來臨時經過了一個分裂過程。如果大陸漂移說成立，隔海相望的大陸上有相同的物種也就不足為怪，那麼雷姆利亞大陸這個「地橋」就不會存在。

○ 雷姆利亞大陸消逝之謎

從遠古時代起，希臘人就一直以「普利塞利里特人」，稱呼傳說中隨大陸消失的大陸居民。據說這個「普利塞利里特」大陸有適合人類居住的氣候，土壤營養豐富，人們安居樂業，結果有人觸犯了神靈，最終受到神靈的懲罰，整個大陸完全沉入了海中。

神祕的「塔普羅巴頓」大島，被古羅馬學者史特拉波（Strabo）、普布里烏斯（Publilius Syrus）等人記載過。

古代坦米爾族的歷史學家實地考察了祖先的發祥地。他們認為，「那瓦勒姆」大島的南部是祖先生活的地方，離赤道很近，有首都「南瑪德拉」，後來卻在印度洋中消失。

坦米爾語在遠古時期，曾是南亞達羅毗荼語系中最發達的語言。直到今天，仍有一些地區在使用坦米爾語，比如承印度大陸南端的馬德拉斯邦、斯里蘭卡等地。這一系列的傳說和記載，都證明印度洋上的確存在過一個鮮為人知的雷姆利亞大陸。

俄羅斯語言博士、地理學家亞歷山大．孔德拉特夫發表《三個大陸的祕密》，該書在探討南亞達羅毗荼語系與雷姆利亞大陸的關係時，採用了語言學視角。作者將其他地區的語言文字與出土的印度文字對照，發現印度文明中的象形文字有借鑑蘇美語言，從而成為與達羅毗荼語系最接近的語言。所以作者認為印度文明與蘇美文明有共同的起源，它們的源頭非常古老，雷姆利亞大陸消失後，這一作為兩種文明源頭的文明也隨著消失了。

美國於一九六八年，研究了印度洋中央的洋脊，他們發現：四條大洋脊存在於大西洋海底，並且皆為南北走向，直到今天，其中的兩條仍繼續變大。人們不理解，為什麼處於活躍狀態和完全不再活動的洋脊會同時存在於。

如果按照板塊結構理論，板塊擠壓形成了喜馬拉雅山。只是在這個具有跨時代意義的變化發生時，雷姆利亞大陸到底發生了什麼？然而如果要追溯這種變動的話，至少要將眼光追回到距今四千五百萬年的年代。

據最新調查結果，依然有非常頻繁的地殼活動發生在印度海底，不斷升高的同時，也有部分在不斷下沉，不知對於解釋雷姆利亞大陸的浮沉是否有益。

○ 文學作品或宗教描述中的雷姆利亞文明

在文學作品中，雷姆利亞文明的誕生地常年都是夏季，他們所創建的「姆王國」是地球上的首個大國。姆王國又有「太陽之母國」之稱，他們的國王叫「Ramu（拉姆）」，Ra 表太陽，Mu 表母親。姆王國的首都是喜拉尼布拉，與其他幾個大城市一樣，道路用寬大的石板鋪砌而成，城市幹道和宮殿裝飾得金碧輝煌，運河有重要的運輸作用。姆族人擅長航海，經常探索外域。在他們的發展歷史中，亞特蘭提斯文明得以誕生，並且也屬於相當先進的文明，逐步走向高峰。

超級文明的內容，包含人們諸多宗教祭禮，比如神聖空間、神聖時間、聖物、咒語、帶有靈性的音樂舞蹈等等，這些人們認為能夠趨吉避凶、解脫提升的形式。如果擁有特殊的源頭，這些祭禮就是一種合理的存在，而不會讓人們認為荒謬。

英國動物學家史克拉特，研究了原始靈長目原猴亞目的分布情況，發現牠們環繞印度洋周邊，分布在非洲、馬達加斯加、印度和東南亞。於是他認為應該有一塊大陸連接，並且根據原產於馬達加斯加的狐猴，命名為「雷姆利亞」。

但是，這個論證卻被現今的大陸漂移說取代了。這樣說來，沒有這塊大陸的存在，也就不會有這塊大陸上的古文明。因為如果古文明真的存在，那麼在大陸漂移形成海洋的漫長過程中，也應該會慢慢傳播，而不會突然消失。即使人們在臺灣東北等地發現了許多的遠古建築，也只能說明古文明曾經存在，而無法推知出它們會與文學作品中的描繪相仿。

總之，大陸漂移說遠比古文明說更科學，也更能解釋現實，而且在科學的幫助下，人們已經證明了地殼的移動。

然而，現實與文學作品或宗教的描述大不相同，文學作品和宗教的描述依然無法找到理論支撐點，所以文明的起源，仍然不能夠合理推到距今一萬年前的年代。

點擊謎團——記錄了人類遠古文明的神祕石頭

據報導，有一個擁有石頭博物館的小村——伊卡（ICA），位於祕魯納斯卡平原北部。有一萬多塊石頭收藏在這個博物館中，每一塊石頭上都雕刻有令人難以相信的神祕圖案，這些被稱為ICA石刻的圖案，似乎記錄著一個遠古文明。

報導稱，人們在伊卡河決堤時，發現了這些石頭，上面的圖案可以分為幾個不同類別，比如太空星系、遠古動物、史前大陸和遠古大災難等。

人們推測，這些石頭是上千年前所遺留下來。科學家發現它們的表面有一層氧化物，他們認為屬於一種安地斯山石。在發現這些石頭的山洞周圍，人們同時發現了很多幾百萬年前的生物化石，這些石頭的刻痕也同樣有著久遠的歷史。

最不可思議的是，科學家稱這些石刻的作者為「格里托里西克人」。從石刻圖案中，可以看到輸血、望遠鏡、醫療器械甚至器官移植手術，還有追逐恐龍的人，說明他們的文明十分先進。

從畫面來看，人類的身材比例與當時的恐龍相差無幾，相當於現在的人類與家畜。恐龍可能是人們馴養的動物，關係也很像人類在飼養家畜，而且石刻上可以看到我們已知的恐龍。科學家也提出了疑問，恐龍在一億多年前就已經從地球上消失了，怎麼可能同人類一起生活呢？

在眾多的石刻中，有幾塊特別有趣，上面畫著一隻好似巨型犀牛的三角龍，背上有一名揮舞著武器的人，武器看起來很像斧頭；而另一塊石頭上，一個人騎在一隻翼龍背上；另外還有一塊，上面的人穿的衣服與現代人很像，在他身後一隻暴龍追來，人正慌亂奔跑。

據達爾文的演化論，人類由猿猴演變而來。這些石刻的年代非常久遠，那麼在人類祖先還沒有真正成為人的年代，是誰雕刻了這些石頭呢？

在一塊石頭上，一個人手持望遠鏡朝向遠方的天空，似乎可以觀察天體的變化；更為不可思議的是，人們在一塊石頭上，發現畫著包括十三個星座在內的銀河系，彗星、木星等，甚至昴宿星團都有所描繪。在那個久遠的時代，一個人居然能夠在石頭上刻下銀河系，說明他們的同伴都有這個能力。那麼他們到底是什麼人？他們到底來自哪裡？他們怎樣獲得了這樣超凡的能力？怎麼現代人都不能有這樣的本事呢？

還有更令人震驚的：在石刻上，人們看到了距今一千三百萬年前太空中的地球，另外還有極像世界地圖的圖案。有專家認為，石刻所畫的是亞特蘭提斯、雷姆利亞等幾個神祕的遠古大陸，而在東方古籍的記載中，它們曾經沉入大海。經過地質學家測算，證實了這幅世界地圖的可靠性。

這完全與現代的科學理論相違背，科學家們不禁奇怪：一千三百萬年前，是透過什麼方法看到太空中的地球？

更為奇妙的是，其中的一些石刻，酷似納斯卡平原上的某些巨型圖案。迄今為止，人們仍然難以解釋似納斯卡平原上那些由卵石砌成的線條，到底是誰製造了它們？

也許石刻和圖案之間的關係並不重要，關鍵是人們不該囿於僵化的思維，應該有所突破。

阿蘇伊幽谷之謎

阿爾及利亞的朱爾朱拉山風景獨特，山色多姿，有漫山遍野的雪松、橡樹、鮮花、灌木等各種植物。作為一個旅遊勝地，它吸引了大量的遊人，同時也吸引了諸多探險者，因為這裡有很多岩洞和峽谷，深邃而神祕。

「阿蘇伊幽谷」作為非洲最深的大峽谷，在朱爾朱拉山的諸多峽谷中最著名的一個。但是，它究竟能有多深呢？這個峽谷的穀底是怎樣的景觀呢？這些是人們從來都沒有探明的深度。

○ 對阿蘇伊幽谷的探查

一九四七年，阿爾及利亞組織了一支聯合外國專家的探險隊，希望能夠測出阿蘇伊幽谷的深度。

第一個下谷的隊員經驗豐富，並且體格很好，確認做好了保險措施後，隊員順著山崖，借著標記有深度的安全繩一步步往下走。其他隊員時刻注意著他的狀態，確保他的安全。隨著時間過去，安全繩也不斷往下，一百公尺、三百公尺、五百公尺，仍然沒有見底。當探險隊員到達了五百零五公尺，突然感到身體非常難受，同伴為了確保他的安全，趕緊將他拉上來，測量活動失敗。

一九八二年，第二支探險隊來到阿蘇伊幽谷，決心超過五百零五公尺。仍有一個健康、經驗豐富的隊員順著安全繩往下降。但是到了八百一十公尺深的時候，這名隊員忽然失去了繼續往下的勇氣，要求上去。

這時另外一個隊員自告奮勇，繼續這次探險。在他往下降時，上面的隊友密切關注著安全繩上的標記。八百公尺、八百一十公尺、八百二十公尺，這個長期與山洞打交道的洞穴專家，到了八百二十一公尺的時候忽然停住。隊友不知道他面臨著怎麼樣的情況，只能猜測等待。到底遇上了怎樣的情況？能不能繼續往下走？

這個探險者正在八百二十一公尺深的地方短暫休息，之後便做好了繼續往下的準備。誰知，一股莫名的恐怖襲來，洞穴專家也喪失了往下看的勇氣。大家看到安全繩搖動，將他拉上來。

經過兩次探險，人們可以探測到的阿蘇伊幽谷的深度，目前就是八百二十一公尺。至於它的深度到底有多少，谷底到底有什麼樣的神祕物質，人們仍然難以探明。不過，探險家仍然對阿蘇伊幽谷充滿著濃厚的興趣，相信最後謎底會被揭開！

○ 山上的奇異現象

阿蘇伊的深度還在困惑著人們，朱爾朱拉山的神祕色彩卻更加濃重了。

每到了朱爾朱拉山的雨季，雨水匯成的水流，會沿著地面流淌幾十公尺，之後卻會神祕消失在山谷中。人們發現，消失的水流會在幾公里之下的地方重新出現。利用這個規律，當地的人們在水流二次出現的地方，建造了一處發電廠，充分利用急流的水力。

水流的這種現象能夠解釋嗎？科學家付出了很多努力。他們到朱爾朱拉山實地考察，年復一年，並且提出看法。比如洞穴專家、阿爾及利亞籍的謝巴布．穆罕默德，認為可能有個巨大的水潭，在朱爾朱拉山深處，雨水匯成的水流消失，是因為流入深潭中，之後又成為急流，則是因為水潭溢滿。

對謝巴布．穆罕默德的看法，很多科學家都持反對意見。他們認為：如果真有這樣一個深潭，從幾十公尺遠到公里外，那麼朱爾朱拉山可謂一個「漏斗」了，怎麼能夠這樣堅固？並且如果真是這樣，也應該會有很多峽谷一直通往山底才對。

這些說法聽起來都不無道理，但卻難有統一的結論，只有事實能勝於雄辯。朱爾朱拉山的這些謎團，仍需要科學家長期的努力，進一步研究。

相關連結——阿爾及利亞

阿爾及利亞在非洲的西北部，北面與地中海相鄰，東面有突尼西亞、利比亞，南面是尼日、馬利和茅利塔尼亞，西部與摩洛哥、撒哈拉接壤，擁有一千兩百公里左右的海岸線。

阿爾及利亞有三種氣候，北部沿海屬地中海氣候，中部是熱帶草原氣候，南部是熱帶沙漠氣候。八月是氣溫最高的月份，可達到攝氏二十九度，即使最低溫也有二十二度；每年的一月是最冷的時候，低溫九度，最高溫十五度。

阿爾及利亞的沿海，分布著狹窄的平原。北部有阿特拉斯山分兩個支脈，北支泰勒阿特拉斯山脈，南支撒哈拉阿特拉斯山脈，高原和山間盆地分布在兩山之間，多鹹水湖。撒哈拉沙漠占據著阿爾及利亞的中南部，達百分之八十五，也有很多綠洲和死火山，最高峰塔哈特山海拔兩千九百一十八公尺。山區多草原和森林，為草原氣候；沿海為地中海型氣候；其他大部分地區則為熱帶沙漠氣候，降雨量少。

奇異的雙塔山

從著名的承德避暑山莊向西行十公里，有一道南北向綿延的山脊。在山脊之上，矗立著兩根巨大的紅色岩柱，一南一北，比肩佇立，如同是用紅色磚瓦砌成的南北雙塔。這就是著名的雙塔山。

○ 雙塔山的地貌特點

雙塔山是承德十大名山之一，為典型的丹霞地貌，因它是兩個石柱並立，為兩座塔狀山峰，並且峰頂上各有一座古塔而得名。

由於地質作用，雙塔山的形成原因也並不奇特，而雙塔山奇就奇在，在這淩空出世的山頂上，有兩座真正的磚塔，其中北塔較小，看不清楚；而南面的塔由下望去，卻清晰可見。

這兩座塔建於遼代，是承德最古老的建築。那麼是誰用怎樣的方法，在這突兀的石柱上，建起了這兩座遠離人間的磚塔呢？

雙塔山高約三十多公尺，相當於現在的九層樓高，而且石柱也都是上粗下細，難以攀援。難道遠在一千多年前，遼代人就已經有現代的滑輪吊車，能將建築材料運到了山頂上嗎？現在還無從考證。

這兩座塔的建築方法，也令人疑竇叢生。兩座塔的地基，都是用三層磚直接砌在山頂上，北牆則是採用齊縫砌法。而這種砌法也僅此一處，其他三面都是用一般的壓縫法砌成。

一九七六年以前，背面的牆壁沿著砌縫裂開了，呈現傾斜之態，位移較大；而唐山大地震以後，裂開的縫隙反而彌合，而且比以前更加牢固。

承德位於地震帶，難道說古人總結出來的抗震結構，就是在這種世上絕無僅有的齊縫砌法？這好像也沒有什麼科學依據，但事實上這種砌法，的確達到了防震的效果。

○ 關於雙塔山的神奇傳說

傳說乾隆皇帝有一年，命人搭雲梯，想看看上面到底有什麼。上去之後，他看到小廟裡有神龕、石几、香爐，石几上擺著一本舊書。乾隆翻了翻，發現裡面的字都不認識；石几下放著一雙破草鞋，廟前還有兩畦韭菜。乾隆很失望，什麼沒拿就下來了。

回到避暑山莊的當晚，乾隆就做了一個夢：一個白髮老者問他，陛下登雙塔山看到了什麼？乾隆照實回答。老者說，舊書是天書，草鞋是登雲靴，韭菜是靈芝草，香爐是生雲壇，陛下一樣也沒看中，實屬有眼無珠。

第二天清早，乾隆馬上又命人重搭雲梯，可怎麼也搭不成了，只好作罷。

○ 磚塔究竟做何用

雙塔山的磚塔究竟是做什麼用的？這是千百年來令人難解的問題。由來已久的雙塔之謎，確切說應該是磚塔之謎。

翻開遼代歷史，遼國建塔的功用，無外乎寺院塔、墓塔、指路塔、登臨塔、拜物塔等。而雙塔山必為其中之一。

先說寺院塔，有的塔是修在寺院內，也有的修在寺院外，但兩者都是一個整體，即塔是佛寺的組成部分。雙塔山可能也屬於這種情況，也許遼代時雙塔山下曾有過一座寺廟，後來寺廟被毀得遺跡全無，只留下無法觸及的磚塔了。

多年來，人們一直將雙塔山的磚塔稱為墓塔。雙塔山南塔的塔門原是封閉的，還有小碑，類似墓塔，而北塔的情況不明，也許有曾經收存骨骸的可能。

但種種類別的塔中，認為雙塔磚塔是瞭敵塔的可能性最小，而其他都似乎有可能。千百年來，雙塔就在世世代代人的猜測、遐想、推斷中，度過一個又一個黑夜和白晝。

相關連結——丹霞地貌

一般認為，有陡崖的陸相紅層地貌，稱為丹霞地貌。

丹霞地貌主要分布在中國、美國西部、中歐和澳洲等地，以中國分布最廣。一九二八年，馮景蘭等在粵北仁化縣發現丹霞地貌，並把形成丹霞地貌的紅色砂礫岩層，命名為丹霞層，此後又有多人闡述此概念。

紅層地貌中所謂的「紅層」，是指在中生代侏羅紀至新生代第三紀，沉積形成的紅色岩系，一般稱為「紅色砂礫岩」。水平構造地貌，指由水平、或近於水平的第三紀厚層紅色砂礫岩為主，組成的平坦高地，受強烈侵蝕切割、溶蝕和重力崩塌等綜合作用，而造成平頂、陡崖、孤立突出的塔狀地形。

自然之謎
奇異的雙塔山

自然之謎

奇異的時空隧道

「洞中方一日，世上已千年。」這句古時形容得道成仙的諺語，聽來雖然荒謬，但卻時有耳聞，就是科學界所稱的時空隧道。這種現象表明，在中國古代，很有可能就出現過時空隧道。

○ 真的有時空隧道嗎

近年來，有關時空隧道的事件越來越多，也因此而引起了科學家的廣泛關注。

一九三四年，英國皇家空軍飛行員戈達德正在執行飛行任務，當經過蘇格蘭上空時，風暴忽襲。戈達德慌亂中迷失了方向，因此需要一個陸標做指引。他降低了飛機的飛行高度和速度，以期能夠降落已經廢棄的德雷姆機場。機場很快就出現在視線中，然而，機場居然已經變成了一所空軍學校！

明亮的校區裡一片繁忙，機械人員穿著統一的工作服修理飛機。令人感到奇怪的是，誰也沒有聽見飛機發出的巨大聲響，也沒有人抬頭看一眼天空，戈達德帶著疑問回到雲層中。事實證明，在戈達德完成這次飛行任務的幾年後，德雷姆機場由於戰爭的原因，再度以空軍學校的身分開放，空軍所駕飛機也由當時他所駕的銀色改成了黃色。戈達德居然看到了4年後的事情！

一九七〇年，一架波音727噴氣客機，突然在旅途中「失蹤」。之後，客機又出現在了原地，中間相差十分鐘，最後順利抵達了美國邁阿密國際機場。客機上的人並不知道自己有過什麼樣的經歷，但是從每人的手錶來看，都慢了十分鐘，這是唯一可以證明他們曾經「失蹤」的證據。

一九七一年搭月，前蘇聯一名飛行員在例行飛行中，居然回到了古埃及時期，他看到了古埃及人正在建造金字塔。同時，這座剛剛動工的金字塔旁，已經矗立著一座高大的金字塔。

一九八二年，一名北約飛行員駕駛的飛機，居然到了史前時代，數百隻恐龍在他眼前活動！

一九八六年，一名美國飛行員駕駛的偵察機，忽然飛到了中世紀的歐洲上空，他看到黑死病造成的恐怖情景；但飛行員明明記得，自己飛越的不過是佛羅里達州的中心城區。

一九九四年初，機場地面控制室的螢幕上，一架義大利客機突然消失。地勤人員非常焦急，但客機過了一陣子，忽然又出現在原地，雷達也得以繼續追蹤。客機最終安全到達機場。然而，機上所有人員都不知道失蹤之事。仍然是手錶說明了問題，消失時間長達二十分鐘……

○ 鐵達尼的時空隧道現象

更令人驚奇的是，著名的鐵達尼號遊輪的遇難者，居然再現了！

一九一二年四月十五日，鐵達尼號作為當時最大、最先進的遊輪，在首次航行中撞到了冰山，沉入大海，死亡人數超過一千五百人。

一九九一年八月九日，一艘歐洲考古船，航行到距離冰島三百八十七公里的西南方，船上的人看見一位六十多歲的老人，坐在冰山的一個角落。這位老人遠遠看著大海，安靜吸著煙，身上卻穿著二十世紀初的船長制服。沒有人認識他，也沒有人會想到，他就是鐵達尼號的船長史密斯，因為鐵達尼號早在八十年前就已經遇難了。

船員們將老人搭救上船，並將他帶到奧斯陸。經過細心檢查，醫生認為史密斯船長的生理和心理一切正常。一九九一年八月十八日，英國海事機構提供了當年的航海記錄與照片驗證，確認了史密斯船長的身分。這時算來，船長已經活了一百四十餘年。據搭救船長的船員稱，史密斯船長曾拒絕救援，決心與鐵達尼號共存亡。對史密斯船長來說，鐵達尼的沉沒僅僅是昨天發生的事情。要怎麼解釋這件事情呢？歐美海事機構稱，史密斯船長是「穿越時光再現」的人。

一九九三年三月八日，美國的《太陽報》刊登了鐵達尼號船長史密斯再現的消息，時空隧道馬上成為焦點新聞，各大英美報紙爭相報導。

○對時空隧道的爭論

專家對於這些奇怪的現象，只給了一種解釋：有一條時空隧道存在，雖然肉眼看不到，但它卻是真實存在。人、船或者飛機之所以會神祕失蹤，就是在一瞬間進入了時空隧道，也可以說是在這短暫的時間裡，出現了時空倒流的情況。

但真的會出現時光倒流的情形嗎？有專家認為，從現在回到從前，從理論上講是有可能的。愛因斯坦的相對論認為，某物體的運行速度一旦比光速快，就可能穿越時空回到過去。但這也只是理論說法，從目前來看，人類的科學技術還無法找到真正的證據。再說，那些忽然消失的機船，雖然前進速度極快，仍比不上光速。既然沒有超過光速，又怎麼會讓時光倒流呢？

也有專家認為，黑洞也與時空隧道有一定聯繫。雖然人們看不見黑洞，它卻有巨大的吸引力，是一種客觀存在的時空隧道。人如果不幸被吸進黑洞，就會失去知覺；當再次回到光明世界中，卻會全然忘記被吸入黑洞的經歷。

同時也有學者對這種假設持反對意見。比如，鐵達尼號沉入海中後，船長等人進入時空隧道再次回到世界，那為什麼遊輪沒有一起隨著時光倒流？否則該怎麼解釋只有船長再現的情況呢？

這一系列的問題，目前都難以解釋，只能待科學家繼續探索，來解開這自然之謎了。

點擊謎團——怪石球現象

人們在很多地方都發現過神祕的石球，比如紐西蘭的摩拉奇海灘、西德的瓦爾特堡、埃及的卡爾加、墨西哥西部的哈利斯科州、美國的加利福尼亞州，還有中國河南省信陽的上天梯珍珠岩礦區。這些石球雖然有大有小，但都很接近正圓，有著幾乎一致的曲率。哪來這些奇怪的石球呢？它們又是怎樣形成的呢？

科學家認為，有人出於某種目的，將這些石球放在此處；或者每一顆石球都是一個星球的象徵，它們之間的距離，也代表著某些星球之間的位置。如果假設可以成立的話，這些石球有可能就是外星人送給地球的禮物。有的考古學家認為，在石器時代，人們製造了這些石球，將它們作為某祭祀儀式的用品，也或者是用來防禦和狩獵。

然而大部分的科學家，還是堅持石球是自然形成。分布在火山附近的石球，是在熔岩的熱力作用下形成，但人們卻覺得這種解釋難以接受。總體來說，全球發現的石球很少，尤其是火山區，基本沒有找到石球。但這些已經發現的石球，都是從哪裡來的？一切還都是未解之謎。

聖嬰現象的祕密

「聖嬰現象」譯自西班牙文，在十九世紀初，生活在厄瓜多、祕魯海邊的人們發現，一股沿海岸南移的暖流，會出現在當年十月至第二年三月，並每隔幾年出現一次，這股暖流會導致表層海水水溫上升。隨後，祕魯漁場性喜冷水的魚類，會因不適應高水溫而大量死亡，造成極大的損失。由於暖流多出現在耶誕節前後，漁民就取名「聖嬰」。

○ 聖嬰現象的危害

一九二五年，人們目睹了出現在祕魯附近的暖洋流，暖洋流帶來的結果是：僅三月這一個月份，沙漠地區就到達了四百毫米的降水量，這是之前五年的降水總和的兩百倍。受降水量的影響，沙漠成了綠洲。幾乎整個祕魯都長滿了豐茂的牧草，羊群大增，以前的荒地也成了莊稼地……即使有的鳥類和海洋生物因為無法適應而死亡，但人們仍然感謝「聖嬰」使他們獲得了好收成。

隨著時間流逝，人們對聖嬰現象逐漸有科學的認識，了解了它對環境、氣候、生態乃至全球經濟的作用。科學家認為，聖嬰現象能對全球經濟造成巨大的損害，尤其是強聖嬰現象。根據美國《紐約時報》和《洛杉磯時報》提供的資料，祕魯是一九八二～一九八三年，聖嬰現象發生期間受影響最大的國家之一。在聖嬰現象發生前，祕魯可以供應全球百分之三十八的魚粉，而在這期間，捕魚量卻頓減了八百五十噸。對魚粉需求量最大的美國，不得不以黃豆代替，結果黃豆的價格暴漲了三倍，這又帶動了一系列的連鎖反應，雞蛋的價格又因飼料價格的提高而暴漲。受聖嬰現象的影響，菲律賓異常乾旱，結果椰子漲價，同時帶動了肥皂、清潔劑製作成本的提高……世界氣象組織統計一九八二～一九八三年聖嬰現象所造成的經濟損失，高達一百三十億美元，其中還不包括間接和潛在的損失。

在一八七一到一九九七年期間，發生過三十餘次聖嬰現象，科學家認為這些事件的負面影響明顯大於積極影響。尤其是一九九〇年代的四次聖嬰現象，使澳洲遭遇了十年未見的異常乾旱，嚴重破壞了經濟作物的生長規律，減產嚴重，引起了印尼、澳洲的森林大火，導致了美國東部的寒冬氣候，能源和交通運輸全都受損，經濟損失數百億美元，東亞諸多國家也遭遇了冷夏，導致水稻的減產。總之，太平洋沿岸的國家，基本都遭受了負面影響。

○ 聖嬰現象的發生原因

科學家在尋找聖嬰現象的成因時，找到了一些很巧合的現象：一九二〇年代至一九五〇年代，是聖嬰現象少發時期，強度也比較弱；一九五〇年代以後，聖嬰現象發生的次數增加、強度變強，而這時，世界各地的火山也開始頻繁活動。近百年的資料顯示，火山爆發後的一年半到兩年，一般會發生聖嬰現象。科學家及時關注到這種現象，並且認為海底火山爆發，是導致聖嬰現象的原因。

近年來，開始關注地球的自轉速度與聖嬰現象之間的關係。從一九五〇年代開始，地球的自轉速度呈現出了四到五年的波動變化，這與之前以十年為尺度的平均加速度分布相比，可謂是改變常態。在地球的自轉速度變化、特別是變慢的年份裡，恰好會發生強聖嬰現象。且地球自轉速率短期的變化，還與東太平洋水溫的變化有關，呈反相關。如果地球自轉速率短期呈加速狀態時，東太平洋的水溫就會下降；反之，地球自轉速率短期呈減速狀態時，東太平洋的海水就會升溫，暗示著，聖嬰現象的發生，很可能是地球自轉速度減慢而導致。

此外，有專家認為，近年人類對環境的破壞，也可能加劇聖嬰現象的發生頻率和強度。聖嬰現象的觸發週期越來越短了，溫室效應導致的全球暖化，很可能與此有關。然而，要想清楚這兩者之間是否真的有關係，則需要科學方面的確鑿證據。如果聖嬰現象發生過於頻繁，則可能使得全球變得更為溫暖。

○「聖嬰」之後的「反聖嬰」

科學家在研究聖嬰現象與氣候變化的關係時，又注意到了反聖嬰現象，並且反聖嬰與聖嬰現象的「性格」完全相反。

反聖嬰現象的威力要小於聖嬰現象，但同樣帶來很大的損失。反聖嬰是在赤道附近的東太平洋，出現一股異常的低溫氣流，也是每幾年的時間出現一次，導致氣候異常。反聖嬰的發生頻率小於聖嬰現象，一九八八～一九八九年間，是最近一次威力較強的反聖嬰現象。一九八八年的夏季，北美的氣候異常乾旱，從加利福尼亞到喬治亞的大片土地都被燒焦，導致穀物嚴重減產，損失三分之一；美國西部出現嚴重的森林火災，黃石國家公園也被燒毀。緊接著，加勒比海面產生大颶風，大多數中美洲國家都受到影響，比如尼加拉瓜死亡人數超過五百人，成千上萬的人痛失家園，經濟損失達到上百萬美元。

一九九八年五月，反聖嬰緊跟著聖嬰現象，這時地球還沒有恢復元氣。反聖嬰一開始，帶來了嚴寒、風雪、暴雨和乾旱等一系列自然災害。從反聖嬰在全球的影響來看，在肯亞和坦尚尼亞，反聖嬰會導致乾旱；在南部非洲、菲律賓和印尼，反聖嬰會帶來暴風雨，從而引起洪災；在南美洲的南部，反聖嬰也會造成少雨的乾旱天氣。而這一切，都恰好與聖嬰現象的影響相反。

那麼，反聖嬰的形成原因到底是怎麼樣？其實，赤道中東太平洋變冷的水溫和不斷增強的信風，與反聖嬰有著密切的關係，就像變暖的水溫與減弱的海風與聖嬰現象有關一樣。所以熱帶海洋和大氣的共同作用，導致了反聖嬰現象的產生。

大海表面的風，牽制了海洋表層的運動。赤道東太平洋地區的暖水在信風的帶動下，到了赤道西太平洋地區，之後海面下的冷水，就要補充被吹走的暖水，所以赤道東太平洋的海溫就會低於西太平洋。而一旦信風威力加強，赤道東太平洋的深層海水就會上翻，海面溫度在這樣的情況下就會非常低，氣流在這裡也呈下沉狀態；而在西部，氣流呈上升狀態且會加強，信風也會加強，這就使赤道東太平洋的冷水更為冰冷，反聖嬰由此產生。

可見，反聖嬰的「性格」與聖嬰現象完全相反。反聖嬰緊接著聖嬰現象而來，使全球氣候都發生了相應的變化。但是，反聖嬰的性情也很惡劣，雖然它的強度和影響力比聖嬰現象要小，但是仍然造成了很多損害。

但是，我們人類是否也應該反省一下，為什麼二十世紀以來，有這麼多頻繁的自然災害呢？

點擊謎團——海底噴泉現象

在海洋學家巴勒的帶領下，一隊美國科學家於一九七九年三月，水下考察了北緯二十一度、墨西哥西面的太平洋。當接近海底時，科學家們從深水潛艇阿爾文號的舷窗望出去，看見了一個奇怪的場景，許多根大約六七公尺、又高又粗的石柱，顯現在濃重的霧氣下，好像煙囪一樣在釋放著「濃煙」。潛艇慢慢接近這些「濃煙」，並伸進了溫度探測器。測量結果震驚了潛艇上的每一個人：「濃煙」中的溫度，居然有上千攝氏度。

科學家仔細研究了「濃煙」，發現石柱所噴出的「濃煙」，是一種很熱的金屬液體。如果高熱金屬液體遇到冰冷的海水，銅、鐵、鋅等硫化物就會凝固，並在石柱附近沉澱，成為小丘狀；同時，在這些「濃煙」附近，聚集了大量的蠕蟲類、貝類以及其他的動物，因為這附近的生存環境因為「濃煙」而改變，好比沙漠中的綠洲，很適宜牠們的生存。

科學界很快開始關注巴勒等人的發現，有科學家提出，地球氣候的變化，有可能是這種海底噴泉的效應之一。

研究了東太平洋海底的沉積物和岩樣後，科學家發現：其中有兩千萬～五千萬年歷史的沉積物，比現在沉積物多四～九倍的含鐵量、兩倍的含鈣量。為什麼會有這樣高的含鐵量和含鈣量呢？科學家認為，海底的噴泉活動，應該與這有著密切的關係。

在此假設的基礎上科學家繼續延伸，認為海水的硫酸氫鈣，會與海底噴泉釋放的物質反應，得到二氧化碳。如果析出的含鈣量比現在多兩倍，二氧化碳也會隨著劇增，從而影響到大氣含量。溫室效應會因為大氣中二氧化碳的增加而加劇，全球氣溫因此不斷增高，甚至極地也可能變暖。

然而這不過是一種猜測，而其真正的原因，需要更深入的探索。

奇妙的馬特利現象

牧羊人拉西德．馬特利生活在沙烏地阿拉伯的哈迪岩村。一九八六年，開齋節剛過不久，馬特利的小氈房遭遇了一場莫名的小火災，夫妻二人協力滅火。次日，他的小氈房居然再次起火，馬特利深感奇怪，馬上向村長反應此事。

村長聞訊趕來，馬特利已經損失了三間房屋。馬特利深感不安，又當村長趕到時，來勢兇猛的火一下燒掉了三間房屋，這件事令馬特利驚恐不安，繼續向法赫德國王、內政大臣納伊夫親王和相關部門反應了自己的遭遇。政府派專家到馬特利家中調查，卻沒有查出什麼成果。

不久，馬特利一家遠遷至三十公里以外的哈斯渥，重新支起了帳篷。然而，沒過多久，妻子和女兒居住的那座帳篷再次遇火，汽車裡的衣服居然也莫名自燃。

來自於伊斯蘭聯盟調查組和其他國家的科學家再次調查，總結了失火的情況：火災從未發生在晚上，多為白天，特別是中午和下午，但對於多次失火的原因，科學家沒有定論。人們將這種無緣無故起火的現象，稱為「馬特利現象」。

○ 世界各地的「馬特利現象」

除了中東，世界上有很多地方都出現過「馬特利現象」。比如美國伊利諾州一間四口的豪宅，自從一九八九年三月，就一直出現莫名的起火現象。牆上的電源插座會冒火，被褥、傢俱、器皿等會不明起火。保險公司將整個宅內的線路徹底整改，可是在這之後，房子仍然經常出現怪火。

更奇怪的是，每次發生奇怪的失火事件時，還伴以濃重的黑煙，滾滾濃煙可以淹沒整座豪宅。這一家非常驚恐，最後只能由保險公司將豪宅買下、鏟平。

一個名叫薩沙的男孩，被送進烏克蘭的一家醫院，原因是他釀成了一百多場火災，親戚朋友都因此舉家搬遷。原來，每當薩沙進入房間，地毯、電器和傢俱就會莫名起火。

這樣的「起火人」也不光薩沙一個，人們曾在義大利發現了一個特別的少年，他的眼睛可以噴出熱火，而不被人們發覺。曾經有一次，這個少年在看牙醫時，閱覽一本雜誌，結果雜誌突然起火；晚上他剛在床上躺下，又點燃了被單。

○ 探尋怪火的奧祕

有的專家認為，一些自身可以起火人的「點火」行為，引起了「馬特利現象」。之所以這麼神祕，是因為「起火人」沒有意識到自身的這種「點火」能力，所以「點火」也是在無意識中進行，結果就是「馬特利現象」。

美國紐約布魯克村、理工學院的畢奇教授，深入研究了「馬特利現象」，他認為人體釋放了攜帶的強靜電，導致了「馬特利現象」。他說人體在乾燥的冬天，可以攜帶幾千伏特的靜電。而每十萬人中，會有一個人因為自身皮膚的異常乾燥，而攜帶異常多的靜電。這樣的人很危險，一旦他身上的靜電釋放出來，遇到空氣中過量的可燃氣體，就能夠引起火災。

俄亥俄州的一家電機廠，也曾經歷了一段火災頻發的時間，有甚者一天內起過八次火。畢奇教授來到電機廠，做了一個實驗。他請員工手持一塊電板站在金屬板上，然後仔細觀察靜電電壓表。結果有一名女工，攜帶了三萬伏特的靜電量。畢奇給予電機廠的建議是，將她調到沒有易燃品德車間。之後，此電機廠沒再傳出莫名起火的消息。

除了與人體關聯的解釋，也有其他關於「馬特利現象」的說法，比如法蘭西大學路易教授(Larry E.Arnold) 著名的燃粒子說 (pyrotron)，認為地球中的一切物質，都有這種比原子小很多的「燃粒子」，如果這些粒子過多聚集，就有可能導致莫名之火。

當然，不論這些火災的原因是人體自燃，還是「燃粒子」，現在看來還都屬於人們的假說，仍然沒有被科學證實。

新知博覽——璀璨的瑪瑙湖

瑪瑙雖不是非常稀少，但如果看到瑪瑙布滿了幾十平方公里、甚至更大面積的地域，仍然很令人震驚。然而，就有一個璀璨的「瑪瑙湖」，藏在內蒙古西部的戈壁中。湖中的瑪瑙石布滿整個湖底，有大有小，晶瑩璀璨，散發著淺黃或淺紅的光芒。

瑪瑙湖的奇特之處，就在於這些光芒四射、大大小小的瑪瑙石，鋪滿了湖的底部和四周，形成了壯觀的景象。而夕陽西下、晚霞初降之時，瑪瑙湖中的瑪瑙將晚霞染得更紅，光線射向天空，幾十公里以外的人都可以看見。當有白雲從這片天空經過，白雲也會染上色彩，非常美麗。

科學分析顯示，瑪瑙湖周邊多是一億年前火山噴發形成的玄武岩。火山氣體的運動，將岩石穿出很多氣孔和空洞。流淌的火山熱液，就填補了這些氣體和空洞。漫長的時間過去了，火山熱液變為瑪瑙和碧玉。大自然的風化作用，使瑪瑙和碧玉與玄武岩分離，並暴露在沙漠中。在狂風暴雨的帶動下，它們最終到湖中，在乾旱的環境中，湖水逐漸乾涸，瑪瑙從湖底顯露，也就形成了奇異的瑪瑙湖。

大漠中的綠色魅影

人們對撒哈拉的普遍印象，一般是漫天黃沙，阿拉伯語中的「撒哈拉」本身也有「大荒漠」之意。

撒哈拉大沙漠總面積有八百萬平方公里，西部的源頭自大西洋開始，往東一直延伸到紅海，雖位於非洲北部，卻占據了大西洋沿岸到尼羅河河畔的廣大非洲地區。這裡的平均海拔為兩百到三百公尺，起伏著大大小小的沙漠，中部有高原和山地。撒哈拉沙漠地區的最高溫可達攝氏五十八度，年降水量不足一百毫米，持續高溫。

那麼，漫天黃沙的撒哈拉大沙漠，是不是自古以來都這樣的荒涼呢？

科學家的探索證明，在西元前六千年至西元前三千年的遠古時期，這裡其實是一片綠地。土地肥沃、樹木蔥蘢，非常適宜人類生活。並且，在這裡生活過的早期居民，也曾創造了輝煌的文化。

○ 撒哈拉的「前世」

十九世紀中葉，法國探險家巴爾斯，獨自行走在撒哈拉荒漠中的阿傑爾高原，忽然看見一道高大的岩壁，並且畫有許多圖案。巴爾斯接近岩壁，仔細看了上面的圖畫，人、馬、水牛等形象皆有，並且可以看得很清楚，一個疑問由此產生：乾燥缺水的荒漠中，壁畫上怎麼會畫有水牛呢？

事隔不久，巴爾斯在撒哈拉沙漠的其他地方，也看到了畫有水牛的壁畫。因此他開始聯想：這樣的壁畫，應該說明在撒哈拉荒漠裡曾經有水牛。以此類推，應該會有一個需要水牛的游牧民族。所以在遠古時期，撒哈拉很有可能是有水有草之地。

法國科學家亨利．諾特，於一九五六年組織了一支考察隊前往撒哈拉沙漠。他們在阿哈加爾山脈和阿傑爾高原地區，發現了一條隧道，幽深而狹長；同時找到了一些山洞，應該屬於古代遺跡。一萬件壁畫呈現在他們眼前，上面畫有獅子、河馬、羚羊、大象等諸多種類的動物，並且還畫有人們狩獵的場景，正協力圍剿一些動物。

諾特還注意到，這些被重疊在一起的壁畫，有不同的風格，應該不是出於同一個年代。人們有可能在這裡生活了很長時間，度過了人畜興旺的年代，那時的撒哈拉一定是一個有水有草的綠地。如果這些壁畫的創作年代能被確認，撒哈拉的綠洲年代也隨之可以確定了。

另外，考古人員在撒哈拉地區發現的墓葬中，發現很多人和動物的化石，動物化石包括大型魚類和鱷魚。這些數量繁多的化石，又為撒哈拉的「綠色時期」提供了證據，只有在水草豐茂的地方，才會有大魚和鱷魚，人們和動物才得以生存，證明在這些葬墓的附近，曾經有古湖泊。

研究人員還發現，這些出土的人類骨骼、器物等，包含了兩個不同時期的人類化石，中間相隔大概一千年。早的人類文化大約是八千～一萬年前，晚的則是四千五百～七千年前。

並且在較早的時期中，人們以狩獵來生存，他們擅長捕魚，還發明了長木魚叉，那時的撒哈拉應該是最濕潤的時期。而在較晚的文化時期，人們不再單純依賴狩獵，放牧的證據也已被科學家找到，這就是「綠色撒哈拉」後期人們的生活。

那麼，撒哈拉的綠洲和文明具體的轉衰時間，是什麼時候？是怎樣的原因，導致撒哈拉由綠洲變為現在的荒漠了呢？

○ 撒哈拉的「今生」

據科學家發現，西元前三千年左右，水牛、河馬和犀牛形象，開始從撒哈拉壁畫裡淡出。這很可能意味著，撒哈拉的自然條件發生了變化；到西元前一百年時，再也找不到壁畫了，所以撒哈拉的史前文明，很有可能就在此時完全走向衰落。

至於原因，科學家估測，可能是水資源乾涸，氣候開始變乾，或者瘟疫和饑荒災難，總之不利於人們生存。

氣候應該是最先改變的因素。降水量頓減，少量的雨水因為強烈的陽光照射，難以保存。或許有雨水進入了內陸盆地，但由於水量太小而滯留。盆地一旦增高，滯留的雨水就會四溢，沼澤由此形成，隨著時間推移，沼澤中的水蒸發，又成為了沙丘。這樣一來，撒哈拉地區的氣候就會越加惡劣，也帶來了越來越多風沙，加之人類砍伐樹木和過度放牧，嚴重破壞植被，撒哈拉終於成為沙漠。

經測定，壁畫中駱駝形象出現的時間，大約在西元前兩百年。這意味著，撒哈拉在西元前兩百年時，很可能已經沒有了一絲綠洲景象，完全成為沙漠。

新知博覽——「指南樹」

印度扁桃樹在東南亞各國很常見，它有著奇特的外形——樹枝與樹幹以直角的形態生長，而且只會指示南北方向。於是，印度扁桃樹有了「指南樹」的稱號，因為人們可以利用它的特點，很快識別方向。

另外，生長於馬達加斯加島的「指南樹」也很有意思，在高八公尺左右的樹上，人們發現上面的細小針葉總會指向南極，並不以生長環境和位置而改變。樹怎麼會有這種指示方向的本領呢？人們感到非常不解。

神祕的「死丘事件」

在印度河的中央島嶼上，曾經有一座古城。三千六百年前的一天，災難突然降臨到古城居民身上，所有居民死於同一個時刻，偌大的古城滅亡了。

一九二二年，這座古城的廢墟，被印度考古學家巴納爾發現，古城中布滿了骨骸，此城於是有了「死丘」之名。

挖掘出的骨骸說明，災難發生時有人正愜意散步，有人正處於熟睡中。四五萬人就這樣不明不白死亡，一座繁華的城市頃刻間變為廢墟。

◯「死亡之丘」往昔何樣

印度河流域最大的文明古城，是摩亨佐-達羅，位於今天巴基斯坦信德省的拉爾卡納縣。在當地語言中，「摩亨佐-達羅」就有「死亡之丘」的意思，印度考古學家於一九二二年發現了這座古城。經過碳-14測定後，科學家認為摩亨佐-達羅存在於西元前兩千五百年至西元前一千五百年，晚於古埃及和美索不達米亞，卻比它們影響更廣。人們還在摩亨佐-達羅北方幾百公里的地方，發現了建房用的磚塊和城市，這些城市的布局十分相似。

從古城遺址看，摩亨佐-達羅有上下城之分，上城在西面，下城在東面。上下城有等級之分。上城住著首領和宗教祭司，由城牆和壕溝相圍，城牆上設有便於觀察形勢的瞭望樓。上城的庭院很高，有走廊、帶有石柱的大廳以及大浴池。浴池很大，有一千零六十三平方公尺。在用磚塊堆砌的地基上，間隙和石縫皆用石膏相填，並鋪以瀝青，密實而堅固。在浴池附近，還有一個個單獨的洗澡間，擁有巧妙的排水設計。與上城相比，下城簡陋，布局也不夠整齊，應該是市民、手工業者、商人及其他勞動人民的居住地。

摩亨佐-達羅古城的建設規劃應該很明確，有合理的布局，已經跟現代城市很像。長方形的城市中，縱橫街道將上下城隔成棋盤狀，並且穿插有寬闊大道，東西和南北方向都有。兩層樓的居民住宅，為了防塵和防噪，當街的一面窗戶緊閉。浴室、廁所、排水系統幾乎家家具備，而且住宅大多設有庭院，居室以庭院為中心分布在四周。整座古城讓人感覺清潔美麗，居民得以舒適生活。在遺址中，考古學家還找到一些陶器、青銅像、印章、銅板等物，以及含五百個符號、兩千多件有文字的遺物，可見古城的文明已經非常發達。

○ 古城何以毀滅

究竟是什麼原因導致古城瞬間毀滅？科學家一直想要找到答案，雖然經過了幾十年的時間仍沒有定論，但關於古城的毀滅還是有很多猜測。

從地質學和生態學的角度考慮，科學家提出，遠古印度河床的改道、河水的氾濫、地震及隨之而來的水災，都可能是「死丘事件」的成因。洪水不僅摧毀了河中央島上的古城，還淹死了居民

然而，其他學者很快提出反對意見。他們認為，大洪水會將人們的屍體沖走，這與挖掘的骷髏矛盾。更何況，考古學家並沒有找到能證明有洪水的證據。

於是又有學者認為，某種急性傳染疾病的擴散，使古城成為「死丘」。然而也漏洞百出，傳染病還不至於能夠令全城居民同時死亡。而且骷髏顯示，人們當時正在各自活動，沒有生病，於是這種說法也被古生物學家和醫生否定。

不久又有人提出，有沒有可能城裡的人遭到外族屠殺呢？如果可能，入侵的外族是誰呢？有人認為是吠陀時代的雅利安人，但實際上他們入侵之時，這座古城早就已經毀滅了，其間相差幾個世紀的時間，根本不可能。

科學家在研究過程中還發現，城中似乎有過爆炸，中心建築物全被毀掉，只有最邊遠的建築物未見受損，從中心向四周，這種破壞程度逐漸減弱。而且，科學家還發現廢墟中有由黏土

和其他礦物燒結而成的碎片，這種碎片是在高溫攝氏一千四百度～一千五百度的情況下煉成，而這種高溫則只會出現在熔爐或森林大火。既然古城附近沒有森林，那只能是大爆炸，甚至是核爆所造成。可是，核彈發明於二戰後期，古城絕對不會有核彈。

基於此點，有人認為，一種化學性能非常活潑的微粒，會由於宇宙射線和電場的作用在大氣層中形成。由於磁場吸引，微粒會開始聚集，越聚越大，形成大大小小的「物化構成物」，並呈球形；另外，其他的有毒物質在大氣中不斷積累，積累到一定程度，就會引發大爆炸。爆炸一開始，引爆其他的黑色閃電，形成與核爆相似的連鎖反應，甚至可以產生攝氏一萬五千度的高溫，石頭也可以熔化，而摩亨佐-達羅遺址中的挖掘物就有這樣的高溫。所以科學家推測，毒氣首先影響到古城，之後又發生了慘烈的爆炸。三千團半徑達三十公分的黑色閃電和一千多個球狀閃電，促成了這次大爆炸，威力可想而知。

除了爆炸說外，還有人認為是外星人駕駛的飛船，導致摩亨佐-達羅城的毀滅。他們推測，外星人乘坐著核力飛船，在經過印度上空時，不幸因為故障而爆炸，結果造成了古城的消亡。事發於在三千五百年前，而外星人是否存在仍是一個謎，因此這種說法顯然也不夠充足。

點擊謎團——石頭謀殺案

在非洲馬利境內，耶名山的一塊雞蛋狀的石頭害死了很多人，具體原因仍然不知。

一九六八年八月，一支七人組成的地質探勘隊，到耶名山探勘，隊員發現了一塊雞蛋狀的石頭。這塊石頭非常大，有五噸左右，上半部為金黃色。隊員意欲將它搬回研究，卻在搬運過程中出現了問題——六名隊員突感身體不適，像被麻痺了一樣，手腳無法再靈活活動，並且開始看不清楚。到了醫院經過檢查，醫生診斷六人全沾上了放射性物質，並且劑量很高。一個月後，六人不治而亡。

人體在遭遇放射性物質時會受到損害，但卻不會有這種急發症狀，也不會很快死去，因為放射性物質的作用比較緩慢，地質探勘隊員的死亡，確實很讓人疑惑。

會發聲的沙子——鳴沙

鳴沙，也叫「響沙」、「消沙」或「音樂沙」，是指沙子會發出聲音，為一種普遍存在的自然現象。世界已有一百多處發現鳴沙，比如英國的諾森伯蘭海岸、波蘭的科爾堡、沙烏地阿拉伯、美國的長島、麻塞諸塞灣、威爾斯兩岸等地，都曾發現過鳴沙。

鳴沙多被發現在海灘或沙漠，發聲時或者天氣晴好、或者大風呼嘯，人在沙子邊滑動時也有可能發聲。發聲的沙粒一般是石英沙，比較潔淨、半徑為零點一五～零點二五毫米、乾燥時更容易發聲。

世界上的很多地方都有鳴沙，發出的聲音也有所不同。比如在蘇格蘭的愛格島上，沙子發出的聲音非常響亮尖銳；中國的鳴沙山上，沙子能夠發出打雷一樣的巨響；在美國夏威夷群島，鳴沙有「犬吠沙」之稱，因為聲音很像狗叫。

○ 中國三處鳴沙勝地

中國有三個地方有鳴沙，第一處是「鳴沙山」，距離甘肅省敦煌縣城南六公里。鳴沙山東西長四十公里，南北寬二十公里，高幾十公尺，北臨月牙泉，是一座陡峭的山。在《太平御覽》和《大正藏》這兩部古籍中，鳴沙山被稱為「神沙山」、「沙角山」。

在鳴沙山頂俯瞰，會看見一個連一個的沙丘。當有人從山頂借著沙子滑下來，就能夠聽到沙子發出的聲響。在史書上，「沙嶺晴鳴」是鳴沙山的一個獨特景觀，是說在天氣晴好之時，山上會像演奏音樂一樣，傳出優美的聲音。

當地流傳著一個傳說：古代一個率軍作戰的將軍，曾在鳴沙山駐營。晚上，狂風忽然襲來，掀起了漫天飛舞的黃沙，淹沒了將軍和所有士兵，沒有一人倖免。從此以後，這裡的沙子總會發出類似作戰時的鼓角聲，「鳴沙山」也因此得名。

第二處鳴沙山，位於寧夏回族自治區中衛縣的沙坡頭黃河岸邊。氣象學家竺可楨在《沙漠裡的奇怪現象》中是這樣描述：「沙高約一百公尺，沙坡面南坐北，中呈凹形，有很多泉水湧出，這塊沙地向來是人們崇拜的對象。據說，每逢農曆端陽節，男男女女便會聽到這塊沙地發出的轟隆的巨響，像打雷一樣。」

罕台川兩岸的響沙灣，則是第三處鳴沙地。這裡的鳴沙又稱「銀肯響沙」，沙山高六十公尺，寬一百公尺，距離內蒙古自治區的達拉特旗二十五公里。如果有人走進響沙灣，立即會聽到沙子發出的不同聲音，有的低沉，有的婉轉，非常奇妙。

○沙為何鳴？

沙子怎麼能夠發出不同聲響呢？以前，人們無法合理解釋，便將這種現象神化；而今天，人們又能否解釋這其中的原因呢？

有人認為，沙粒在運動過程中，空隙中的空氣摩擦，會形成「音箱」，而沙丘的崩塌引起空隙中空氣的震動。一旦空氣的震動頻率於「音箱」一致，沙子就會發聲；還有人認為，沙粒在風的持續作用下，變得乾淨，並且大小基本一致，同時沙粒本身也被吹出了細小的孔洞。沙粒之間在摩擦共振下，這種多孔的表面有利於聲音的產生。

在考察了前蘇聯卡爾崗上的鳴沙後，一位科學家認為：沙丘內部存在一個沙土層，非常潮濕密集，並且隨著雨水的多少改變深度。比如降雨量大的夏季，潮濕層會很深，潮濕層上面會有比較乾燥的沙土層，下面還會有沙土層，一個天然的共鳴箱得以形成；而一旦沙丘崩塌，沙粒順著斜坡下滑。潮濕層會接收到沙土層乾燥沙粒的震動，引發共鳴，這樣震動產生的聲音，就會被擴大發出。

另外一個前蘇聯學者，考察了中國寧夏的鳴沙山和內蒙的響沙灣，發現這兩個地方有相似之處——這兩處的沙子都非常細，石英沙的成分最多。而石英沙粒對壓力非常敏感，如果受到擠壓，石英沙粒本身就會帶電，並發生振動。電壓與振動呈正相關，聲響就此產生。

然而，即使石英沙占了大部分，響沙的現象卻不是很常見。而且如果更換了地域，鳴沙就不再發聲。

中國學者在一九七九年提出了新見解，認為那個隱形的「共鳴箱」，其實在地面上的空氣中。鳴沙要發聲需要條件，比如要有高大陡峭的沙丘；要有月牙狀且背風向陽的沙面；要有大的河槽，或者泉和潭。另外，影響響沙的聲音變化的因素有很多，比如沙風速或者空氣溫度、濕度的變化，沙子本身頻率和驅動力的變化等等。有人對此持反對意見，因為國外有些響沙地並沒有月牙狀的高陡山丘，而且有時發聲時會在雨後不久。日本京都府北側、丹後半島上的兩處鳴沙地就有很大差異，不僅發聲季節不同，發出的聲音也不同，聲音還會因處在不同的季節而相異。所以日本學者則更看重沙子的潔淨程度，認為如果沙子不再發聲，是因為被海水汙染。

由此可見，關於鳴沙的祕密，至今還沒有一個令人滿意的答案，希望科學家透過不斷探索，能提出一個滿意的結果。

美國西部的「神祕地帶」

在美國加利福尼亞州舊金山市的聖塔柯斯小鎮的西部，有一個「神祕地帶」，在這個被森林包圍的地方，曾經發生了諸多奇異現象。

○ 人體伸縮

穿過茂密的森林，人們會來到一塊空地。這裡有一個木柵門，上面高高掛著一個寫有「神祕地帶入口處」的牌子。進門後，人們會看到兩塊相隔四十公分、大約四分之一平方公尺的石板，這兩塊石板是「神祕地帶」的奇景之一。

曾經有兩位日本的考古人員來到門內，他們各依一塊石板站立，之後再互換位置。這時奇景出現了：一百六十四公分的考察人員，看上去居然比一百八十公分的考察人員要高大很多。二人不敢相信，又互換了位置，結果身材高大的考察人員瞬間變得更高，矮一點的隊員則更矮。二人不斷互換位置，二人的身高也跟著忽高忽矮。經測量，兩塊石板處於同一水平面，二人的疑問於是加深了：他們身高不斷變化，到底是眼睛的欺騙，還是測量工具出了問題呢？沒有人可以回答。

○ 人體斜立

有一條坡度極大的人行道，可以從這兩塊石板到達「神祕地帶」的中心區域。如果走上人行道上，又可以看見另一番奇景：通道旁邊的樹木會向同一個方向傾斜，好像剛剛經歷了強颱風一樣；更有甚，走在通道上的人也會大幅度傾斜，幾乎與通道平行，卻又不會摔倒，只是會看不見自己的雙腳，而旁邊的人可以看到。

在「神祕地帶」的中心地帶，另有一間小木屋，雖然很簡陋，卻也很奇異。只要處於這個木屋的天井中，會出現與通道上一樣的情形，不管是物體還是人都會傾斜同一個方向。即使用盡力氣想要擺正，也是徒勞無功。而且應該注意到，木板房子其實也是傾斜的；更加奇妙之處在於，如果走進了這間小木屋中，人就可以不費吹灰之力在板壁上行走，不用擔心會摔下來。

○鐘擺運動

在這個神奇的小木屋旁邊，還有另一間小木屋，房梁上掛著一條鐵鍊，上面吊著一個圓盤狀的物體，半徑十二點五公分左右，厚五公分左右。只要用手輕輕觸動一下，這個懸掛物就會像鐘擺一樣搖晃，但是它只認可一個方向：向前搖。如果想要將它推向相反方向，則很難動得了。

如果說重力指向一側的原因，導致懸掛物的狀態，那麼，這種原因卻不適於用另一種現象。一般情況下，鐘擺會左右擺動，並且是左右迴圈擺動，擺幅會越來越小直到停止；但這個懸掛物卻不是這樣，當它受力並規則搖擺短時間後，它可以自己改變運動的方向，並且每五、六秒鐘改變一次。左右搖擺會變為右轉，再變為前後搖擺，再變為左轉，再變為左右搖擺……這樣不斷變化，還不會停止。

○小球上滾

小木屋的一側，立著一塊伸出來的木板，向上傾斜。一個高爾夫球放到木板的最高端時，球卻靜止在頂端。如果給它一個推力，高爾夫球會往下滾動幾步，之後卻又往上端滾去。再次到達了木板頂端，高爾夫球重新往下滾動，但是到達木板的末端時，它會繼續順著木板的方向往下，直至落地，如果以與木板末端垂直的方向接球的話，一定會撲空。

將這個地方稱為「神祕地帶」，一點也不過分。然而，這千奇百怪的神祕現象究竟是怎麼產生？目前還沒人能解釋。

神奇的海市蜃樓

「海市蜃樓」一般出現在夏季，如果在平靜的海面上，可以看到船舶、島嶼、山峰或城廓樓台，隱隱約約出現在遠處；或者行走在沙漠中時，模糊看到遠方出現湖水、湖畔長滿了蔥蘢樹木，令人神往。

可是大風到來，就會吹散海上和沙漠中這些美好的景象。這些景象之所以被稱為「海市蜃樓」，是由於古人不知其所以然，把它當成「蜃」所吐出的氣。

○ 海市蜃樓屢屢出現

除了在海上和沙漠中，「海市蜃樓」的現象也可能出現在柏油路上，有很多種類。如果根據出現的位置，則有上蜃、下蜃及側蜃之分；如果根據它與原物的對稱關係，則有正蜃、側蜃、順蜃和反蜃之分；如果根據顏色，則有彩色和非彩色之分。

一八一八年，從英國出發的蘇格蘭冒險家約翰．羅斯（John Ross），踏上了前往北極尋找「西北航道」的路途。進入到加拿大巴芬島以北的陌生水域後，一個早上，站在甲板上觀望的羅斯，忽然看見一座大山出現在前方不遠處，羅斯確信自己到了死海，立即返航，以為西北航道不存在。一百多年後，美國北極探險家皮里，也有與羅斯相近的經歷，認為地圖上少標示了北極地區的一條山脈，稱親眼看見，並為這山脈取了一個名稱——克拉寇蘭山。

很多科學家和探險家在聽說了這條山脈後，都充滿探索興趣，但他們前往北極時卻撲空而回。後來，由美國紐約博物館派出的考察團前進北極地區，終於見到這條山脈。然而，當他們懷著激動的心情慢慢地靠近山脈時，卻發生了奇怪的事情：他們往前，大山就往後走；如果他們停止往前，大山也會跟著停下；一旦他們再次向前逼近，大山會再次往後走。後來，他們到達了一個低谷，這裡三面環山。令他們震驚的是，太陽一落山，原本矗立在眼前的大山卻神祕消失了。每個人都嚇了一跳，他們發現自己的四周除了冰還是冰，根本沒有什麼山脈。後來人們才幡然醒悟，所謂山脈，只是「海市蜃樓」這種自然現象。

其實，拿破崙的軍隊在一七九八年入侵埃及時，就曾見過海市蜃樓。士兵們看著湖泊在眼前忽然消失，看到景物倒掛的樣子，以為世界就要滅亡，於是馬上跪下祈禱；一戰時，英軍在海上作戰時，突然看到很多虛幻的景象，英軍難以看清敵軍狀況，難以進攻。

海市蜃樓也曾出現在中國青島王朝酒店對面的海面上，遠方的海面上好像呈現了一片現代化海港，燈火隱約，難辨真假，很多市民都有拍照存證。

○ 神祕蜃景的形成

如此多姿多彩、變幻莫測的海市蜃樓到底是如何形成？這首先要提到光的折射問題。

科學告訴我們，直線前進的光在密度均勻的介質中，光速不變；但是，如果光線從一種介質進入另一種介質時，傳遞的方向會改變，光速也會改變，這就是光的折射。插入水中的鉛筆，從外面看時，感覺水下部分與水上的部分脫節，好像被折斷一樣，這種錯覺就是光線的折射所造成。曾經有人做過光線折射的實驗：在水中放置一面鏡子，使光線從水中射向水和空氣的交界面上，這樣在交界面就能看到，有的光線反射到水裡，有的卻折射到空氣中。如果透過轉動鏡子來傾斜光線的角度，在空氣中的折射光線會更加明顯。

其實，空氣本身的密度也不是很固定，它受高度的影響，並呈現負相關。所以，由於空氣層的高度不同，光線會發生一系列折射現象，而在生活中，我們對這樣的現象習以為常。

海市蜃樓的現象，與光線的折射有密切關係，因為空氣溫度的垂直變化，引起異常的全反射和折射。海市蜃樓的形式，也會因空氣密度的不同而相異。如果在夏季，海水濕度小，若有冷水流經過，則水溫會更低，這時靠近海面的空氣，比遠離海面的上空空氣更低溫，下冷上暖的情形出現，下層的氣壓要高於上層，空氣密度比上層空氣密度大。在這樣的反常情形下，下層空氣的密度就變得更大，空氣層下密上疏的對比明顯。

正常情況下，如果有一艘輪船在東方地平線之下，我們不可能看到；但是在下冷上暖的反常情況，輪船折射的光線會由下層穿到上層，在上層稀氣層全反射的作用下，又返回下層密氣層中。經過折射，光線最後進入我們的眼睛，我們就看到了這艘船。加之我們總會認為看到的物象順直線方向而來，這艘輪船的影像就會比實物高很多，這是上現蜃景。

沙漠中的沙石由於太陽的照射吸收了大量的熱量，所以沙層附近升溫很快。在沒有風的情況下，空氣上下層之間熱量交換很少，此時空氣層中的垂直差異就很明顯，下熱上冷，且上密下稀，這也是一種反常的狀態。在這種條件下，如果前方有一棵樹，樹梢投下的光線，就會由上層空氣進入下層空氣，由密入疏，發生折射。折射光線接近地面時發生全反射，又返回到上層密度大的空氣層中。經過光線變化，樹影最後進入人的眼睛，成為倒立的影像。這是下現蜃景。

海市蜃樓對天氣條件有一定要求，只出現在微風或無風之時。倘若忽來大風，上下層的空氣就會混合，在上下空氣層沒有極大差異時，光線的走向也不會有異常，海市蜃樓也就不可能出現了。

延伸閱讀——如何沙漠中的蜃樓和實景

作為一種光學現象，海市蜃樓也可以出現這沙漠中，只要發生光的折射。

海市蜃樓發生的沙漠地區，一般離海岸線有九點六公里左右，一點六公里或者更遠的物體看來也很像移動，這就造成了陸上導航的困難。海市蜃樓出現時，很多天然的特徵看起來都隱隱約約，人們將很難看清遠處的物體，產生被水包圍的錯覺。而能夠大致看出突出的物體就是海上的「高樓」。不過，如果人們站到一個比較高的位置，比如在沙漠中時站到比地面高三公尺的地方，就可以不受地面熱空氣層的影響，看到真實的景象。

庇里牛斯山聖泉

法國庇里牛斯山脈中，有個名叫勞狄斯的小鎮，鎮上有個岩洞，洞內有一眼清泉，長年累月不停流淌。令人稱奇的是，這裡的泉水有著神奇的療效，吸引世界各地的人前來，因此有「聖泉」之稱。

○ 聖泉的傳說

傳說在一八五八年，一名叫瑪麗的女孩在岩洞內玩耍，忽然，聖母瑪利亞在她面前顯靈，告訴她洞後有一眼清泉，指引她前去清洗，並告訴她這裡的泉水能治百病。說罷，聖母馬上就不見了。

一百多年過去了，神奇的泉水經年不息，前來聖泉求醫的人也是絡繹不絕，吸引力甚至超過聖地耶路撒冷。據統計，每年來勞狄斯的人可達四百三十萬，其中不少人身患重病，甚至病入膏肓，已被現代醫學宣判死刑。他們不遠千里來到這裡，僅在聖泉水中泡一下，據說病情就能減輕，有的甚至不藥而癒！

○ 令人稱奇的聖泉

有名義大利青年，身患一種罕見的癌症，癌細胞已經破壞了他左髖骨部位的骨頭和肌肉。X光相片顯示，他的左腿僅由一些軟組織束與骨盆相連，根本看不到一點骨頭。輾轉多家醫院後，他的左側從腰部至腳趾都被打上石膏，卻還是被宣告無藥可醫了，且很多醫生都預言他最多能再活一年。

一九六三年五月，這名青年在母親的陪同下，經過十六小時的艱難跋涉，來到了勞狄斯，第二天便去聖泉沐浴。青年在護理師的照顧下，浸在冰冷的泉水中。後來奇蹟出現了，青年開始有了饑餓感，這是數月都不曾有過的好胃口。

從聖泉沐浴歸來後，青年突然產生了起身行走的欲望，而且真能拖著那條打著石膏的左腿在房間裡行走。此後幾個星期，他一直都在房間內走動，連體重都開始增加了。年底，癌症帶來的疼痛感居然全部消失了。

一九六四年二月，青年再次到醫院檢查，醫生為他除去了左腿的石膏，並照了X光，結果發現：那完全損害的骨盆組織和骨頭居然再生了。兩個月後，青年便行動自如了，並開始工作。青年的重病為何痊癒，現代醫學竟然無法解釋。

類似的病例很多，據報導，在一百多年裡，為醫學界所承認的這樣的醫療奇蹟就達六十多例，而這六十多例均經過國際醫學委員會的嚴格審定。這個機構由來自於世界十幾個國家的三十多名醫生組成，專家均為某個專科的權威人士。

聖泉能起死回生的奧祕究竟何在?至今也沒有答案。但隨著現代醫學不斷發展，我們相信謎團會有一天被解開。

○石棺內的「聖泉」之謎

法國有個名叫亞爾的小鎮，在這個小鎮的一所教堂裡，有一口一千五百多年前的石棺，石棺長約一百九十三公分，用白色的大理石雕刻而成。令人費解的是，在這口石棺中常年都盛滿了清泉般的水，但卻沒人能解釋石棺中的水是從哪裡來。

據鎮上的居民稱，這件怪事從西元九六〇年以後就開始了。當時，有一個修道士從羅馬帶來了兩位皈依基督教波斯親王的聖物，並將聖物放入石棺中。此後，石棺內的「聖水」便源源不絕，也為當地居民帶來了諸多好處，因為這些的「聖水」也具有神奇的療效。

據相關專家考察，這口石棺的總容量不到三百升，而每年從這口石棺中流出來的水卻可達五百～六百升，即便是在旱災之年，石棺仍能流出清泉。據稱，在第二次世界大戰前的某一天，石棺還溢出水。

一九六一年，石棺水源之謎，吸引了兩位水利專家，試圖前來解開石棺內的水源之謎。

一開始，水利專家認為，這是滲水或者凝聚現象，於是想方設法將石棺墊高，讓石棺與地面隔開。為了找到謎底，他們還用塑膠布將石棺嚴密包裹，以防外界雨水進入石棺當中；而為了防止有人在石棺中灌水，在石棺旁還有設崗，日夜找人值班，然而，都沒有讓石棺內的水源斷絕。

後來，專家又鑑定了石棺內的水，發現裡面的水即便不流動，水質也是純淨的，似乎裡面的水可以自動更換。

此後，也陸續有科學家試圖解開這一謎底，但都無功而返。

點擊謎團——唐山「聖泉」之謎

在唐山市燕山腰帶山腳下的黃昏峪聚仙谷風景區內，有一對備受遊客神往的龍眼「聖泉」。所謂「聖泉」中的兩眼泉水，相距數尺，卻一眼甘冽，一眼苦澀，令人稱奇。據推測，可能是由於水質奇特，兩眼怪泉被當地百姓修成兩眼井，在上面又建了一座仿古小亭。在亭子低矮的花牆上，南面一眼井的旁邊寫著「甘溢、甜」，北面寫著「澀甘、苦」字樣。從井口望去，水均不深，約二尺左右，清澈見底，水面如鏡，人影可鑑。

據住在附近的年長村民說，很久以前，這兩眼泉水就已經是這個樣子，冬不枯，夏不溢。他們請教過相關專家，但專家也不知所以，估計由於是山上藥材特別多，泉水附近某處生長的藥材，使泉水味道迥異。

世界上最怪異的洞穴

媒體曾經報導了一個大地洞，這個地洞是世界上最壯觀的地洞，讓人驚歎甚至害怕。那麼，這個傳說中的地洞到底是什麼樣子的呢？

○ 達瓦札天然氣燃燒坑

被人們稱為「地獄之門」的地洞，位於土庫曼中部偏西北方的達瓦札小鎮，是一個燃燒了三十餘年的神祕洞穴。

關於這個地下洞穴，人們在三十多年前就已經聽說，並且當時前蘇聯也派出一支有地理學家的鑽探隊考察，以期能夠探明當地的天然氣資源狀況。當鑽探隊員挖掘時，一個巨大的地洞突然出現在人們面前。幾乎在人們意識到的同一時間，隊員用的工具與臨時紮起的營地，都陷進了這個地洞之中。沒有一個人敢對這個地洞進行進一步調查，因為裡面充滿著天然氣和其他毒性氣體，這裡隨時可能爆炸。

鑽探隊員出於防止毒氣擴散的考慮，大膽點燃了洞口的氣體。從此以後，這裡的火焰一直就沒有熄滅過，持續了三十多年，仍在繼續。人們無法估計被燃燒掉了多少天然氣，地洞中的天然氣似乎用之不盡。

○ 金巴利鑽石礦井

人們於一八七〇在南非的金巴利鎮發現了金巴利岩，這種岩石是孕育鑽石的母岩。這是人類有史以來首次發現鑽石，鑽石對當時的人們來說，還是沉睡地底數億年的神祕岩礦。從這以後，「金巴利」成為鑽石的象徵。南非的金巴利鑽石井，成為世界上人工挖掘的最大地洞。一八六六～一九一四年，從金巴利鑽石礦井中問世的鑽石有兩千七百二十二公斤，動用的工人超過五萬名。被挖出的鑽石有的已擁有四十五億年的歷史，很可能形成於地球剛剛誕生的時期。

○ 蒙地賽羅水壩

位於加利福尼亞州納帕郡的蒙地賽羅水壩（Monticello Dam），是美國最著名的堤壩，有著巨大的環形。蒙地賽羅水壩每秒可洩洪四萬八千四百立方英尺的水，傳聞說，如果有人從堤壩上跳下，可能一剎那就會被急速噴出水壩底部。

○ 賓漢谷銅礦場

賓漢谷銅礦場（Bingham Copper Mine），位於猶他州西南部。整個礦山長四公里、寬兩公里半，深一千兩百公尺，堪稱地球上最大的挖掘礦井。這個礦井出產最多的金、銅、鋅和鉛以及斑岩礦。

○ 大藍洞

大藍洞（Great Blue Hole）是一個水下的石灰石坑洞，位於洪都拉斯貝里斯市東六十英里的海面處，半徑五百英尺，有四百英尺深，形成於冰河時代末期。這種水下的坑洞從高空看的話，就像是大海深藍色的眼睛，人們便稱這種現象為「地球之眼」。

大藍洞是世界上最著名藍洞，深約一百三十七公尺，裡面聚集了不同種類的鯊魚，多鐘乳石群。也正是因為這樣，藍洞引來了全世界的潛水愛好者，成為舉世聞名的潛水聖地。有人曾用一句富有詩意的話形容這裡的吸引力——「平生不潛此藍洞，即稱高手也枉然」。

經過大量的探索，科學家認為，一億三千萬年前形成的巴哈馬群島，可以看作石灰質平台，對大藍洞的形成有重要的作用。冰河時期，海平面因為過於寒冷、大量的水被凍結，而出現了大幅下降。此處的石灰質地帶，由於承受海水和淡水兩方面的侵蝕，形成了很多岩溶空洞。大藍洞的所在地，也曾是一個巨大的岩洞。在重力和地震的作用下，石灰質下陷時成為一個圓形的坍塌口。伴隨著冰雪融化和海平面升高，海水會進入坍塌口中，於是形成了藍洞。

○ 米爾鑽石礦井

米爾鑽石礦井坐落於俄羅斯的東西伯利亞地區，開口半徑六百公尺，有五百二十五公尺深，它是俄羅斯第一個被發現的鑽石礦井，同時也是俄羅斯最大的世界級礦井。如果運礦的卡車從底部開到頂部，需要兩小時。在礦井的上空，凝聚了一團旋渦狀的氣流，小型飛機和直升機都有可能被吸進去。如今，這個礦井已經被俄羅斯政府關閉。

○ 瓜地馬拉沉洞

二〇〇七年二月二十三日凌晨，一場突然的大地陷發生在中美洲瓜地馬拉的首都瓜地馬拉城，具體位置是一個人口密集的聖安東尼奧貧民區。瞬間一個深一百公尺、半徑三十五公尺的大洞出現了。這次地陷導致了超過二十間的房屋下陷，一個三口之家當場毀滅，政府組織疏散近千人。

據說事發時，人們突然聽到一聲巨響從這個擁擠的住宅區傳來，並伴以強烈的震動。地陷大洞出現後，洞裡還發出污水流動的聲音。隨後，那二十多間房屋和一輛大卡車也跟著陷進去。

根據科學探測，大量污水和暴雨的滲入，是造成地面塌陷、形成瓜地馬拉沉洞的主要原因。長時間的連續陰雨、水管又爆裂，最終導致了這場大悲劇。

延伸閱讀——洞穴之謎

世界上有很多神奇的洞穴，而下面幾種洞穴更是令人稱奇不已。

(一) 變形的洞穴

丘科米爾鎮位於尼加拉瓜圭納附近，這個鎮上有一個洞穴，半徑為一百七十二公分。這個洞穴很奇怪，可以變形。上午，洞口是橢圓形；到了下午，洞口就變成不規則的長方形；再到晚上，洞口又成正方形；第二天凌晨時，再回到橢圓形，如此周而復始。當地的老人稱，這個洞穴變化了不知多少年，可是誰也不知道為什麼。

(二) 治病的洞穴

印尼的西比路島上，有個洞穴有治病的能力，尤其對神經衰弱和關節炎有著神奇的功效。患這兩種疾病的人只要在此洞中住上一陣子，就可以神奇康復。島上的居民們利用洞穴的神奇功效，將洞穴改造成醫院，擺放了四十餘張床，已經治癒了七千多名患病者。

(三) 彈唱的洞穴

祕魯普諾省的貝列斯塔村中的一個洞穴，可以奏樂歌唱。在一天中，這個洞穴會在清晨傳出風琴的聲音，優美動聽；到了中午，發出的聲音非常熱鬧，好像敲鑼打鼓；再到傍晚時，音樂又變為悠揚的笛聲，節奏有快有緩。並且，洞穴還受到天氣情況的影響。陰雨天時節，洞穴就像在進行女聲獨唱，聲音婉轉動人。慕名而來的人很多，都為一聞音樂洞穴的聲音。至於原因，人們目前所知只是洞中有大量的磁礦。

(四) 噴霧的洞穴

有一個會噴霧的洞穴，坐落在委內瑞拉。據人們觀察，洞穴噴霧非常規律，上午一到十一點，它就會噴吐出煙霧，並且歷時兩小時，每天都如此，一直持續了很多年。並且，這些噴出的煙霧沒有氣味也沒有毒性，每年都吸引了八萬人來觀看。

(五) 測天洞

「測天洞」位於中國的湖南省辰溪縣仙人灣的山腰處，高七百多公尺的地方。這個狹長的小石洞會定點流出清泉，早上八點會流一次、正午時會流出一次，到下午六點還會流一次。在泉水流出的這幾個時間段，泉水湧動的聲音在洞口就可以聽得很清楚；更奇怪的是，如果哪次流出的是比較渾濁的泉水，周圍的地區在四十八小時內必然會迎來一場大雨，這正是「測天洞」得名的原因。

（六）風洞

「風洞」也位於中國湖南省，具體在石門縣的九渡河鄉。這個石洞有著一平方公尺大小的洞口，洞口常年繚繞著白色霧氣，並且可以蔓延到遠方，很可能是洞中的氣流與洞外氣流相遇造成。奇怪的是，洞口上下兩方會帶給人不同的感覺，如果有人在酷夏時站在洞口，會感覺上半身揮汗如雨，高溫難耐，下半身卻涼爽舒適，非常宜人；如果是寒冬時節站在了洞口，就會發覺上半身冰冷異常，下半身溫暖舒服。

遠古追蹤
世界上最怪異的洞穴

遠古追蹤

半坡遺址之謎

黃河是諸多文明的發祥地，而一九五三年黃河邊發現的半坡遺址，向人們展示了很多線索，也帶給了人們諸多的困惑。

從一九五三年起，考古學家多次考察半坡遺址，這個存在於六千多年前原始村落的面貌，大致呈現在人們眼前。半坡遺址位於陝西省西安市東部郊區，曾經是一個樹木蔥鬱的地方，有著獨特優美的環境。考古專家認為，這裡曾經是一個水準頗高的原始村落。但只有收集更多的材料，才可以說明當時人們的具體生活面貌和社會關係。

○ 半坡村落遺址概況

半坡村落遺址整體呈橢圓狀，南北跨度三百多公尺、東西跨度兩百多公尺，公共墓地坐落在村子的北方，住宅區在南方，東北角是曾經的燒陶窯。一條七十多公尺長、五公尺寬、六公尺深的壕溝隔開了住宅區、墓地和燒陶窯，這對墓地形成了一種保護。

壕溝圍繞著住宅區，住宅區中有一座最為引人注目的半地穴式房屋。這種半地穴式的房屋，一半處在大坑中，一半在地面以上，非常牢固穩定。大屋據推測，是集體活動的場所。東邊有大門，屋子中間有取暖用的火塘。也可以說，這個屋子是半坡村落的政治文化中心，用於接待重要來客，商議重要事宜。北邊，許多房屋形成的房屋群呈半圓狀，每個屋子的房門都朝著大屋子。

與大屋子的半地穴式建造法相比，也有建於地面的中小房子，有方形，也有圓形。這些房屋的牆壁，是由泥土和乾草混合塗抹而成，內部都有一個供村民做飯的灶坑。在灶坑旁的灰燼中，考古學家發現了成堆的田螺殼和獸骨。這意味著，半坡人很可能已經脫離了狩獵、生食的原始生活。

○ 半坡人的農業生活

半坡人用獸骨、石頭及陶片做成工具，進行農業生產。石器多經打磨而成，或者在打製基礎上，將刃部稍微打磨，仍然有一些打製的石器。由打製石器發展到磨製石器，顯示人類能力提高。僅僅是生產工具，半坡遺址中就有六百餘件，且種類多樣，比如鋤頭、錛子、斧頭。村民「刀耕火種」的生活，就是以這些工具作為輔助。

在一座房子下面，考古人員還發現了一陶罐保存完好的粟，雖已碳化，但皮殼卻清晰可辨，這也是半坡人開始農業生活的有力證明。

當然，漁獵也是村民非常重要的食物來源，從遺址中發現許多的漁獵工具和殘留的大量獸骨。打獵使用的工具豐富，最重要的是弓箭，有不同的樣式，僅箭頭就有柳葉式、三稜形、扁平三角形、圓柱尖頭式等。弓箭的使用也讓人們的捕獵能力提升，從而幫助人們更加安全、快速狩獵。

○ 半坡人製造的陶器

半坡人使用的陶器也很多樣，遺址中發現了各種形狀的盆、罐，人們很可能用它們來盛放食物和水，也用來煮食物。另外，村中還有一間擁有高超製陶技藝的作坊。

考古專家都為半坡陶窯的結構感到震撼。雖然距今六千年前，他們卻有著十分高超的製陶技藝，比原始的製陶方法進步很多。在原始製陶過程中，人們只是將樹葉、樹枝、乾草等堆起點燃，上面是陶坯；或者稍微改進一點，堆好柴火，再用混有乾草的泥巴塗封，上面留有出煙的口，下面留有點火的口。

半坡村民製作了很多彩陶，這些黑色或紅色的彩陶上面，畫有很多不同題材的圖案，有人物，也有動植物或天文相關的描繪。其中最有的代表性的是魚紋，這種彩陶上的圖案在製陶坯時就必須畫上，這樣經燒製後才可以長久保存。彩陶已經屬於先民的藝術創作，製作彩陶的目的已遠遠超出了實用。

在某些彩陶上，考古人員還看到了一些不知何意的符號，有人猜想是他們使用的文字，有人認為其實沒有任何意義。因為今天的人們根本無法識讀這些奇怪的符號，所以它們到底是不是先民所用的文字，還是無法確認。如果能夠發現大量材料，才有可能進一步推測這些符號的真正意義。

○ 半坡人已有了公共墓地

與南邊的住宅區相望的，是半坡村落的公共墓地。公共墓地排列非常整齊，已經為人所發現的成人墓已超一百七十座。這些成人墓少有合葬，多是單人墓。罐、壺等陶器在墓中有很多，大概作為隨葬品。

與成人墓不同，發現的七十多座小孩墓基本不是在公共墓地中，而是在屋旁，簡單用甕裝著。這其中的原因，有可能是顧及「親子之情」和牢固的靈魂觀念，也或者因為小孩夭折是一種不吉利的現象，不能入墓。

考古學家的努力，使人們看到了半坡村民的生活狀態。從村落的整個規劃來看，村民的生活組織性很強。同時，人們過著一種均富的生活，不存在貧富的差別，這從出土的墓塚的隨葬品可以推得。總之，人們有著平等的關係，過著安穩的集體生活。

然而，關於半坡遺址，仍然存在很多的疑惑需要進一步的考察。從遺址來看，人們似乎突然間遠離了這個村落，甚至連日常所需的糧食和工具都顧不上，為什麼會這樣？是戰爭爆發，還是洪水突襲？發生了地震，還是宗教恐怖的蔓延，又或是瘟疫降臨？這些都有可能，卻都沒有證據，還需要研究人員不斷研究。

點擊謎團──「華夏第一都」到底在哪裡

我們中華民族有上下五千年的悠久歷史，我們的祖先一直在這片土地上忙碌生活。隨著生產力水準提高，社會關係的逐漸變化。禹的兒子啟，廢除了禪讓制，繼承父親的位置，從此中國第一個國家——夏得以建立。

但是，關於夏代的記載流傳下來的很少，我們現在也難以對夏代有比較全面的了解。殷墟的發現，使我們能夠清楚了解商代狀況，而夏代的情況卻仍然沒有進展。像找到殷墟一樣，如果也可以找到夏代的遺址，對夏代的了解也不至於太難。只是，夏代的都城究竟在什麼地方呢？歷史學家急於找到夏都，卻又難以下手。

有人覺得，山西省運城市的夏縣，就是曾經夏代的都城。夏縣有「華夏第一都」之稱，據說正是因為夏朝在此建都而得名。這裡有久遠的歷史，也是中華民族的發祥地之一。更有傳稱，夏縣還是嫘祖養蠶、大禹建都之地，又有「禹都」之稱，但考古學家並沒有在這裡找到相關的證據。

還有人認為，許昌西部的禹州，是夏代當時的都城。同樣作為中華民族的發祥地之一，禹州也流傳著美麗的傳說。傳說治水的大禹在這裡被賜封「夏伯」，之後啟繼位後建立夏朝，並曾經在鈞台宴請諸侯。禹州真的是夏代的都城嗎？沒有人能明確回答。

中國科學院考古研究所組織的考古隊，於一九五九年夏天，投入到尋找夏朝都城的考察。據說，考古隊員從豫西起，一直找到了河南偃師的二里頭，並在二里頭展開了挖掘活動。

金字塔石門背後的祕密

埃及是世界四大文明古國之一，代表性建築是金字塔，也是埃及人民引以為豪的壯舉。在已發現的九十六座埃及金字塔中，在古夫金字塔（Pyramid of Khufu）、卡夫拉金字塔（Pyramid of Khafre）和孟卡拉金字塔（Pyramid of Menkaure）組成的孫祖三代的金字塔中，古夫金字塔最大，位於開羅的郊區吉薩。

古夫金字塔建於西元前兩千六百九十年左右，第四王朝第二國王古夫的陵墓。古夫金字塔最初的高度為一百四十六點五公尺，在長期的自然風化作用下，頂端受損降低了十公尺。立體三角底座，三角面傾斜五十二度，塔底五萬兩千九百平方公尺，底邊長兩百三十幾公尺。整個塔身用了二點五噸的石頭兩百三十萬塊。據說，古夫金字塔耗費了三十年的時間，動用了十萬人。古夫金字塔有一條設計高超的內部通道，並且對外開放，凡見過的人都深感震撼。

世人稱古夫金字塔是「地球偉大文明的一份遺囑」。在古夫金字塔的深處，其實還有一條祕密通道。有人稱，金字塔內部有一座神祕的石門，這個石門位於國王和王后墓室的南北通道中，有可能隱藏著巨大的祕密，而不是人們平常認為的法老死後穿過的「天堂之門」，更不可能是墓室的裝飾。

○ 發現祕密通道

金字塔所帶給人們的驚奇與敬畏，其他諸多古文明無法比擬。古埃及新王國時期——西元前一五五〇年左右，埃及人趕到吉薩，為的是憑弔他們的法老。

歐洲的一批考古人員，於一八七二年進到古夫金字塔內部。他們在金字塔中艱難探索，直到從王后墓室的南牆上找到了一條通道。考古人員不知道這條通道有多深，他們根本無法走進這條通道，因為它的寬度只有二十公分。他們想到了運用煙霧，將火把點燃，看煙霧隨著風進入了通道，但等在金字塔外的隊員卻沒能找到煙霧的跡象。他們不禁奇怪：金字塔中的這個通道，沒有到達外面的世界嗎？

除了擁有最大的規模外，古夫金字塔與其他金字塔的構造也有差異。除了常規的墓道，其他金字塔不存在任何多餘通道，而古夫金字塔有很多，內部結構非常複雜。

總體來說，古夫金字塔中共有三個墓室，從上往下，分別屬於國王、王后，最底層還有一個地下的墓室。其實這樣的說法並不可靠，裡面不一定真的存有國王和王后的木乃伊，這個說法只是從發現之初流傳下來。實際上，除了一個屍棺，考古學家沒有在古夫金字塔中發現任何木乃伊。這座金字塔的最特別之處，就是有很多通道，上面的國王墓室中，南北牆上各有一個，王后的墓室中也一樣。

考古學界一直爭論古夫金字塔中是否有密室，因為裡面並沒有古夫的木乃伊。

○ 金字塔建造的意義

機器人「烏普瓦特二號」，於一九九三年進入了古夫金字塔中的神祕通道，這個機器人由德國考古學家專為進入通道而設計。結果機器人在通道中前進了六十五公尺左右再也走不動了，一塊石頭擋住了通道，石頭上有兩個把手般的突出。令考古人員奇怪的是，這塊石頭並不屬於天然的塌陷，好像專為阻擋機器人的去路而來。

經過了重力與微波測試後，日本早稻田大學教授認為，這塊阻擋的石頭距離外牆有十六公尺左右，這個距離足以放得下另外的一個墓室。考古人員聽到這個消息後，不免又有了很大的興趣。為什麼會有一道石門擋在通道中呢？這道神祕的石門背後會不會有什麼密室呢？石門背後的密室有什麼用途呢？古夫的木乃伊是不是就藏在石門後的密室中？

歷史上有關於古夫的記載並不多，人們只知道，他是古王國第四王朝的第二代法老。然而他去世後卻有全世界最大的金字塔，這是令人深感奇怪的事情。

在古埃及人的眼中，除了今生還有來世，他們希望今生死去的人們可以在來世中繼續美好生活，非常渴望得到永生。人們並沒有找到古夫金字塔中的任何一件陪葬品，甚至是他自己的木乃伊。誰都不清楚，古夫究竟帶走了什麼。

○通道裡到底有什麼

時隔不久，吉薩高地的考古現場，發現了考古成果中最古老的石棺，距今有四千五百年。石棺上刻有銘文，記錄了主人的名字烏塞瑞特，此人很可能是古夫金字塔的建築總主管。

埃及在二〇〇二年展開了一次考古行動，他們想要打開這個最古老的石棺，揭密神祕的通道。機器人「金字塔漫遊者」（Projet Pyramid Rover）擔負著考古任務而誕生，它身上的探測設備和感應器都是世界上最先進的，並且還可以將錄影機等工具一併攜帶。

九月，考古學家分為兩組開始探測，機器人「金字塔漫遊者」從古夫金字塔的神祕通道進入；其他的隊員則前往吉薩高地，準備將石棺打開。

烏塞瑞特石棺被成功打開了，裡面安靜躺著一個男人的骸骨。骸骨非常完整，可以看出男人側臥著，朝向東面，因為埃及人崇拜太陽。只是除了這具完整的骸骨以外，人們再也沒有找到其他與通道有關的資訊。這邊分小組的任務完成了，考古學家同時將希望都寄託在了機器人身上。

當「金字塔漫遊者」順利通過了祕道中阻擋的石門後，令人意想不到的事情發生了：在不遠處的前方，還有一道石門。需要說明的是，這道石門上面布滿了裂紋，沒有經過人工處理，顯得非常粗糙，門上也沒有像把手一樣的突出。考古學家非常困惑：這是一塊普通的石頭，還是像前面那樣的石門？在這個障礙物之後，還會有其他的阻礙嗎？

神祕通道中的石門，可以是令人灰心的結局，也可以是新探索經歷的開始。金字塔對人類的吸引力不會因為古夫金字塔考古經歷的暫時挫折而沖淡。

相關連結——埃及金字塔

埃及的金字塔多建於四千五百年前，多呈三角錐狀，皆由巨大的石塊堆砌而成。之所以被稱「金字塔」，是因為它們的外形看起來很像漢字中的「金」字。

埃及第二大金字塔是卡夫拉金字塔，建於西元前二五七五年至西元前二四六五年的古埃及第四王朝，是第四位法老卡夫拉的陵墓。在這座金字塔的旁邊，矗立著舉世聞名的獅身人面像，有傳說這個人面是模仿卡夫拉而塑。卡夫拉內部的牆壁已經有了裂縫，因為裡面的通風設施很少，導致濕度過高。

一八三九年，一名英國探險家首次進入了孟卡拉金字塔，並在裡面發現了一副石棺，石棺材質是花崗岩，裡面躺著一具法老的木乃伊。孟卡拉金字塔高六十六點五公尺，底邊的邊長一百零八點五公尺。非常遺憾的是，石棺和木乃伊在運回英國的途中，遺失在大西洋中。

南極洲古地圖之謎

遙遠的南極大陸，終年風雪狂暴，氣候條件十分惡劣。可是，在此發現的一幅古地圖，卻說明早在幾千年前，人類就探險過南極，令人驚訝更使人振奮。

美國偽考古學專家哈普古德教授（Charles Hutchins Happgood）所編纂的《古代海上霸王們的地圖——冰河期高度文明的遺跡（Maps of the Ancient Sea Kings: Evidence of Advanced Civilization in the Ice Age）》一書，便把「古地圖之謎」列為世界上奇謎之一。

○ 奇特的地圖

十八世紀初，在土耳其伊斯坦堡的托普卡匹宮發現了幾張古代地圖，它原是由鄂圖曼土耳其帝國的海軍艦隊司令皮瑞·雷斯（Piri Reis）的私人收藏，有的是古人複製、臨摹，有的則是他親筆繪製。

這在當時還並沒有引起什麼的特別大的轟動，直到一九四〇年代，有人開始對這些古地圖產生興趣。首先是美國的一位地圖學家麥勒瑞，開始研究皮瑞·雷斯古地圖，結果證實，地圖上所有的地理資料都真實存在，並非古人主觀想像。

接著，麥勒瑞與美國海軍水文局製圖員俄勒特爾斯共同繪製了座標，並將這些古地圖和現代地球儀對照，結果發現這些古地圖非常準確。

一九五七年，古地圖被送到美國海軍製圖專家、休士頓天文台主任漢南姆手中，經全面分析研究，肯定地圖不僅異常準確，甚至包括我們今天很少考察過、或根本沒有發現過的地方。

○ 地圖「奇」在哪裡？

那麼，這一被稱為「奇謎」的地圖，是「奇」在哪裡呢？

首先，在這幅古地圖中，準確勾畫出了南極洲的輪廓。在古圖上的南美大陸南面，畫有蜿蜒的海岸線，原是從威德爾海到毛德皇后地的南極大陸海岸線。

南極洲位於地球最南端，為太平洋和大西洋所包圍，終年冰天雪地，最大風速達每秒一百公尺。古人都沒有到過南極，也不知道它的存在，直到一七三八～一七三九年，法國人布威航海時，才發現了南極附近的一個島（今稱布威島）。一八二〇～一八二一年，美國的帕爾默、俄國的別林斯高、英國的布蘭斯菲爾德，第一次發現了南極大陸。

因此在十八世紀以前，古代任何人都不可能知道南極洲地形的真貌，可是古圖的繪製者卻能清晰勾畫出來！

更令人不解的是，南極冰的平均厚度達一千八百八十公尺，最厚達四千五百多公尺。幾千年來，沒人知道冰層下面有山脈，但古圖中卻畫著南極洲的山脈，而且十分準確，甚至標出了高度。直到一九五二年，才有人用地震波測得，冰層下面確有那樣高度的山脈，我們今天的地圖，也是借助回聲探測儀才繪製而成。那麼，原圖的製作者又是如何得知的呢？

根據推測，距今約六千多年前，南極洲還是溫帶地區，那時有些山脈還沒有被冰雪覆蓋。因此有人推測，古地圖可能是在六千多年前，即山脈未被覆蓋之前繪成，而且原圖後來被人多次複製。可也有人對此表示反對：六千多年前的古人，真的到過南極嗎？那時他們真有如此高超的繪圖能力嗎？

其次，有一幅古地圖上注有「一三八〇年」的日期，名為「澤諾地圖」。在地圖上，挪威、瑞典、丹麥、德國、蘇格蘭等地的經緯精確度，達到了令人吃驚的地步；此外，圖中還繪有現在並不存在的島嶼。據猜測，這些島嶼可能後來沉入海底，或被冰塊覆蓋住了。在皮瑞·雷斯的地圖裡，格棱蘭卻是由兩個島嶼所組成，直到一九四七～一九四九年，由皮克特爾率領的法國北極探險隊，實地考察了格棱蘭，才證實在冰層確實存在山脈與河流；但是，這次考察還不如古圖詳盡！

此外，這張地圖難道真是在空中繪製的嗎？有兩塊羊皮紙的地圖殘片上寫著：「回曆九一九年」（即西元一五一三年）和「回曆九三四年」（西元一五二八年）。經分析：這幅古圖竟與第二次世界大戰中，美國空軍由等距投影作圖法繪製的軍用地圖相似。因為從空中看地面，陸地和海岸線都呈歪斜。研究後發現，這與北非上空繪製的地形幾乎完全吻合。太空船從非洲開羅上空飛過時，飛船上的相機正好對著下面的開羅，照片能清晰地顯示出開羅周圍五十英里半徑內的地形。但是隨著視線移動，照片中的陸地和海岸線也會越來越歪斜。因為地球球體離開照片中心的區域，就如同「下沉」、歪斜了，如南美洲看上去就比實際長很多。這一點古地圖上是這樣，而在美國登月飛船上所拍的地球照片也是如此。因此，人們推測：這幅圖可能是從天空中繪製。

但這幅地圖究竟是如何繪製出來的，還需要研究人員找出切實的證據。

相關連結——外星人繪製了古地圖嗎？

關於古地圖的繪製，有人認為是外星人乘坐太空船到地球時繪製。瑞士學者達尼奇撰寫了《來自外太空的播種者》一書，推測大約在西元前五千年左右，有一批天外來客訪問地球，古圖就是外星人留在地球上的作品。後來，地圖又多次按照原圖臨摹、複製，便流傳到今天。

但很多學者卻不同意這種說法，因為現在關於外星人是否存在還是個未知數，又怎麼能證明這幅古地圖就是外星人所繪製的？如果不是，那麼到底是什麼人繪製、又是採用何種方法繪製？我們只能等待未來的回答了。

一夜消失的帝國——亞特蘭提斯

根據科學的探索，也許真的有一片大陸存在於大洪水前。這片大陸在一次全球性的災難中沉沒大海，也沉沒了發達的文明。最近一百年中，考古學家在大西洋底找到了部分古文明的遺跡。傳聞中，人們用「大西洲」稱呼這片陸地，將孕育史前文明的國度稱為「大西國」。其實，科學家早已將「亞特蘭提斯」這個由柏拉圖提出的國名，給予了這片神祕的大陸。

○ 柏拉圖對於亞特蘭提斯的描述

柏拉圖眼中的亞特蘭提斯，是一個在西元前三七〇年就已經存在的島嶼，並且那裡有著優美的景色、先進的技術。在書中他寫道：「亞特蘭提斯不僅有華麗的宮殿和神廟，而且有祭祀用的巨大神壇，而亞特蘭提斯人擁有的財富，更是多得無法想像。」

亞特蘭提斯的島民非常聰明善良，但隨著歲月推移，島民開始有了欲望，有了侵略之心。他們組織軍隊侵略周邊的國家，自身內部也開始腐化，追求窮奢極欲的生活。眾神終於忍受不了他們，降災施以懲罰。一夜之間，洪水和地震大作，大西島很快沉沒了。

柏拉圖的描述是否真實？是根據什麼寫出來的？歷史學家發現，其實柏拉圖並非這個故事的最初作者，早於柏拉圖兩百年時的政治家梭倫（Solon），就已經講述過這個故事。於是經過口口相傳，到柏拉圖時，亞特蘭提斯的故事已存在九千多年了。柏拉圖也只不過根據傳聞將這個故事寫進了書中，他也相信亞特蘭提斯真實存在過。

柏拉圖在古希臘有著很高的地位和影響力，人們自然也相信柏拉圖的描述。在描繪亞特蘭提斯王朝時，柏拉圖記錄了軍事、建築、貿易等具體內容，而不像古希臘神話充滿幻想，。

十九世紀，一些預言家向人們宣告：不僅存在亞特蘭提斯大陸，他們的居民也擁有先進的文化和技術。用「菲利爾」作燃料的飛船，每小時能飛一百多公里，他們就用這樣先進的飛船巡查領土。預言家的這些描述充滿想像力，更增添了亞特蘭提斯的神祕。

一九三一年，德國納粹親衛隊軍官希姆萊（Heinrich Luitpold Himmler）組織了一支探索隊，尋找亞特蘭提斯大陸。希姆萊不僅認為亞特蘭提斯存在，還認為亞特蘭提斯人是先進的民族，並且亞特蘭提斯人的後代就是雅利安人。他堅信可以依靠亞特蘭提斯，實現稱霸世界的理想，然而他卻沒有找到。

○神祕的古老帝國藏身何處

既然亞特蘭提斯如此神祕，又如此引世人關注，那麼它究竟在哪裡呢？

根據柏拉圖的描繪，美國芝加哥大學的一位教授認為，南美洲安地斯山脈下的蒂亞瓦納科（Tiwanaku），很可能就是亞特蘭提斯大陸。

蒂亞瓦納科有六萬平方公里，大於地中海的任何一個平原，位於安地斯山脈間的廣大平原。在這裡，考古人員找到了花園、城市、寺廟、皇宮，這些都顯示了蒂亞瓦納科人的高超的建築技術。這裡看起來像丘陵，卻有一個錐體建築藏在地下，呈梯狀。觀察後，考古人員認為這裡曾經是個墓塚，並且屬於皇室成員。根據柏拉圖的描述，亞特蘭提斯王宮由大量的黃金裝飾，而黃金也是蒂亞瓦納科的宮殿及廟宇的裝飾品，在建築表面也能看到用黃金裝飾的痕跡。

不過，反對的意見漸次提出，蒂亞瓦納科成為強國時，柏拉圖已死了數百年，怎麼可能被記載下來？

還有人認為，亞特蘭提斯在大西洋，他們根據英語發音推測，因為英語發音時的「亞特蘭提斯」與「大西洋」極像。然而也有反對者，如果像拉圖描述的那樣，亞特蘭提斯的文明非常發達，金銀銅製品都可以運用自如，遺跡中為什麼沒有一點相關證據呢？如果這個大陸存在很長的時間，那麼周邊的地區應該也能發現來自這裡的裝飾品，比如陶器和雕刻，可人們從來就沒有發現，所以亞特蘭提斯不會在大西洋。

那麼亞特蘭提斯究竟在哪裡？

考古學家考察後，發現可能為亞特蘭提斯的地方有四十多個。其中有三處比較突出，分別是地中海的聖托里尼島、大西洋的亞速群島，以及巴哈馬群島。

聖托里尼島在三千多年前，曾經遭遇一場嚴重的火山爆發，這是將它與亞特蘭提斯聯繫的原因。但西元前九百年～一千年左右，聖托里尼島上的米諾城就被火山灰掩埋了。長期以來，專家對於亞特蘭提斯的毀滅時間說法不一，不知是西元前九千年還是九百年。有人認為，在從埃及傳到希臘的過程中，聖托里尼島故事的描述產生錯誤，將九百年錯寫成九千年。因此很多人認為，柏拉圖對亞特蘭提斯的描述，是為了使後人重視聖托里尼島的火山災難，聖托里尼島就是亞特蘭提斯。

另有考古學家認為，與柏拉圖的描述比較吻合的亞速群島，與亞特蘭提斯的地理位置很相近，都在直布羅陀海峽之外的大西洋海域。但亞速群島荒無人煙，人們沒有在這裡發現任何文明跡象，柏拉圖筆下的亞特蘭提斯卻擁有發達文明，非常先進。

美國兩位飛行員，在一九六八年飛經巴哈馬上空時，發現巴哈馬灣的海底地勢非常奇怪，於是向考古學者范文坦博士反應。范文坦立即投入勘察，他發現巴哈馬灣的海底有很多石道，這些石道由多塊多邊形或長方形鋪成。

事隔六年，另一位學者發現海底的建築很像一個港口，因為石塊成丁字形分布。這些石塊不是自然形成，因為根據對石塊的放射性分析，它們的元素和海床相異；最令人震驚的是，在海底人們還發現了一些手工藝品，與已知古文化並不吻合。經推測，這些工藝品已經有超過六千年的歷史，因此這些海底巨石，很可能是亞特蘭提斯的一個港口。

二〇〇四年十一月，在美國考古學家羅伯特·薩爾馬斯的帶領下，考古小組找到了一些材料，似乎可以證明亞特蘭提斯的存在。在賽普勒斯和敘利亞附近的海域，他們發現了一段三公里左右的水下城牆，甚至還有戰壕。薩爾馬斯認為，這是一座淹沒於一萬年前的城市，很可能就是亞特蘭提斯大陸。如果真是如此，那麼人類文明的歷史，比我們想像的早數千年。

儘管現在還不能證明，亞特蘭提斯就是薩爾馬斯發現的水下建築，但在非洲、歐洲、美洲及大西洋底，考古學家卻相繼發現了金字塔的建築遺址。由此我們可以推斷：亞特蘭提斯很可能是金字塔文明的起源，作為一個文明中心，亞特蘭提斯遇難後沉沒，金字塔文明卻被傳播。

新知博覽──太平洋上的姆大陸

傳說中，姆大陸是一塊遼闊的陸地，東西跨越了夏威夷群島至馬里亞納群島，大溪地群島、復活節島及斐濟在它的南端。總面積約三千五百萬平方公里左右的姆大陸，東西有七千公里長，南北有五千公里寬，是一片美麗富饒之地。

姆族人擅長航海，經常探索外域。卡拉族人組織了第一支航海隊從中美洲起航，並朝著東方航行，最後在南美洲建立了卡拉帝國。之後的維吾爾族人則朝著西方進發，深入到東北亞內地，建立了維吾爾帝國；那卡族組織的航海團也順著西方行進，並最終在南亞的緬甸建立了那卡帝國。

姆帝國雖然日趨繁榮，但突然降臨了滅頂之災，傳說為神的懲罰。熔岩毀掉了森林、城鎮及整個大地，人和動物無一倖免。

一萬兩千年前，太平洋吞沒了姆大陸，其殖民國也隨之轉為衰落。姆大陸的衝擊，致使卡拉帝國的大地隆起，亞馬遜河因此乾涸，安地斯山脈因此形成；維吾爾帝國也遭遇同樣災難，西藏高原形成，中亞變為沙漠；那卡帝國雖未經受自然變故，卻自毀於內亂。後來流傳的印度神話中，有很多關於空戰和兵器的題材，很可能就是反映這場內戰。

專家們對姆大陸之謎很感興趣，爭論不止。否定它的存在的學者認為，如此龐大的世界性帝國，連一點古黏土板也未出土，不符於歷史發展的規律，認為姆大陸是人們幻想的產物；而肯定它存在的學者認為，發現於太平洋群島的很多古代遺跡，能夠支撐他們的觀點。比如發現於波納佩島的南瑪塔爾遺跡，有九十八座人工島和其他建築物。這個超文明的古遺跡與姆文明有某種聯繫，卻與波納佩島很不相稱。另外還有很多小島遺跡，雖然距離很遙遠，卻有共通點，而且都流傳著大島沉沒的相關傳說。比如雅浦島的巨大石幣、努克喜巴島的石像、塔普島的奇妙石門、土阿莫士群島的祭壇等等。

不僅專家對姆大陸的存在有很大爭議，它的消失原因也一樣。到底是火山還是地震這種突發災難，還是在冰河期末期，與其他大陸一起沉沒？如此看來，姆大陸的爭論還會持續下去，不知道何時才能找到讓人滿意的答案。

古印加人消失之謎

的的喀喀湖（Lake Titicaca）坐落在南美洲玻利維亞共和國與祕魯共和國的邊境，隱沒在安地斯山脈的崇山峻嶺間，是世界上海拔最高的淡水湖，而古老的印加人就發源於這個秀麗的湖邊。

○ 印加的傳說

關於印加人的起源，還有一個古老的傳說：據說有一天，太陽神的兒子外出遊玩，不慎被山神豢養的一群豹子吃掉，太陽神痛哭不已，眼淚不停流淌，就匯聚成了的的喀喀湖。

後來，太陽神又在湖中創造了一男一女，令他們繁衍後代，這就形成了印加民族。太陽神還教男人捕魚、狩獵，教女人們造船、織布，印加民族就此興旺起來。

為了讓印加民族更有發展前途，太陽神又賜予印加人一根金手杖，讓他們尋找更好的地方，印加人帶著金手杖離開了的喀喀湖。有一天，金手杖不見了，他們就按照太陽神的旨意在這裡定居，這就是肥沃的庫斯科。

大約在西元一一〇〇年左右，印加人將庫斯科作為首都，建立了顯赫一時的印加帝國。在西元一五三二年西班牙人到來之前，印加人統治著北起今日哥倫比亞邊境，向南延伸兩千五百英里，直至智利海岸的中部，東面則達到玻利維亞中部和阿根廷背部的廣闊領域，成為古代美洲三大文明之一。

印加人崇拜太陽神，因此他們也驕傲的宣稱自己是太陽神的子孫。

○ 古印加遺址的神奇之處

在祕魯湍急的烏魯班巴河岸上，有一個名叫馬丘比丘的地方，意味「古老的山頂」。美國耶魯大學的一名歷史系教授海勒姆．賓厄姆（Hiram Bingham）心想：山都很古老，為何只有這裡被稱為「古老的山頂」呢？

一九一一年，海勒姆攀懸崖登峭壁，終於登上了這座「古老的山頂」。在海拔兩千四百五十八公尺高的懸崖上，他發現了這座荒廢了四千多年之久、不為人知的古城遺址。

這座印加帝國的古城是用巨大的花崗石砌成，氣勢磅礴，非常壯觀，全城只有一個城門可進出，居高臨下，陡峭異常。街道整齊有致，更有迷宮一般的神殿、王宮、住宅、院落，星羅棋布，彼此都用層疊的石階相連，房屋均為巨大的石塊砌成，沒有任何黏合物，但貼合卻非常緊密。窗戶呈三角形，城中還有測定時間的巨大的日晷和飲水管線等。

這座懸在半空中的石城是何時建成的呢？沒有人知道；更令人吃驚的是，供應石塊的採石場，居然坐落在六百公尺下的山谷中。顯然，即使是動用現代化的設備，如滑輪、吊車、電纜、直升機等，想將這些沉重的大石塊搬運到高高在上的懸崖絕壁上，也非常困難，何況兩千年前的印加人，還處於刀耕火種的原始階段！

○ 印加的另外一處奇特遺址

蒂亞瓦納科（Tiwanaku）位於的的喀喀湖的東南部二十一公里處，坐落在海拔四千五百公尺以上的高原，也是一座充滿神祕色彩的古城。這裡氣壓很低，大約只有海平面的一半左右，空氣中的含氧量也相應較少。而恰恰就是在這樣一個生存困難的地方，卻留下了豐富的印加文化：規模宏偉的金字塔、太陽神廟，以及眾多栩栩如生的石雕，甚至還有觀測日月星辰運行的水池等等。

在一塊塊重達一百多噸的砂岩上，壘著一塊塊六十多噸重的石塊，並砌成了牆。石塊的表面磨得十分平滑，拼合的角度也十分精確，並用銅錐連在一起。一百八十公分長、五十公分寬的石製水管，就像玩具一樣散落滿地，製造手藝之精巧，即使現代的水泥管也望塵莫及。

一九三二年，人們又在這裡發現了一座奇特的大神像，由整塊的紅色砂岩組成，有七點五公尺長，二十多噸重，身上布滿了幾百個精緻的符號。經研究，這些符號所記錄的都是深奧的天文知識，而這些知識是以「地球是圓的」為基礎。

一九二七年，霍爾比格出版了《衛星學說》一書。在這本書中，霍爾比格提出，有一顆衛星被地球俘獲，當衛星被拉向地球時，地球的旋轉速度就會變慢，最後衛星分裂，產生了月球。而神像記錄的符號表明，地球的一年為兩百八十八天，衛星每年會繞地球轉四百二十五圈，這正是月球產生之前的天文現象。只是，這是兩萬七千年前的事情了。但是又是什麼人將兩萬七千年前的事，清晰、精確記錄在大神像上呢？

○令人震驚的巨石之謎

在蒂亞瓦納科的古建築群中，最知名的還是太陽門。它用一整塊巨石雕刻而成，重達百噸，高約三公尺，寬約四公尺，中間還被鑿出了一個門洞，兩邊壁面也被磨得非常光滑，門楣上有精美的浮雕，浮雕中間是一個飛神的像，兩旁則分三列雕刻著四十八幅方形圖案，最下面一排刻有「金星曆」。當時的人們究竟是用什麼方法，雕鑿了這些石料的呢？又是用什麼方法，將它搬運到廣場上豎立起來的呢？這些問題至今還沒有人能回答。

據說，在每年的九月二十一日，也就是秋分的這一天，黎明的第一縷曙光總是從門的中央射入，然後再緩緩移動，這樣精確的計算，又是如何完成的呢？

印加首都庫斯科以北的三公里處，還聳立著著名的薩克賽瓦曼城堡（Sacsayhuamán）。城堡從上到下有三層圍牆，每層圍牆高約十八公尺，長四十公尺，牆壁均用巨大的石塊砌成，其中有一塊長九公尺、寬五公尺的巨石最引人注目。城上還有樓堡二十一個，個個都像威武的衛士，守護著庫斯科的北面門戶。

城堡以南幾百公尺外的山坡上，還有一個火山口。在火山口中，一塊巨大無比的巨石也令人震驚。這是一塊經過精雕細琢的巨石，大約有四層樓那麼高，雕刻著台階和斜坡，還有螺旋形的洞孔作為裝飾；更令人驚訝的是，這塊巨石竟然是倒放著，台階是從上向下反向延伸的！究竟是什麼人，能把這塊巨石挖出、雕琢，最後又搬運，倒放在火山口上呢？

這種超常的力量，可以說超越時代的智慧，而薩克賽瓦曼巨石是當之無愧的佼佼者。

○「黃金之都」與「翡翠湖」

西班牙人在中美洲立足後，就開始不斷打聽有關「黃金之都」和「翡翠湖」的傳說。

據說，在南美洲亞馬遜森林的深處，有個極其富裕的「黃金之都」，那裡的宮殿和神殿都是用黃金和白銀裝飾；那裡人所穿的服飾，也都是用金線銀縷編織。那是個盛產黃金的地方，據稱，印加帝國的黃金都產於那裡。

每到節日時，那裡的首領就會全身塗滿金粉，當太陽升起時，滿身都會金光閃閃，猶如天神降臨。隨後，他們會在臣民簇擁之下，走進附近的湖中，在那裡將身上的金粉洗淨，岸上的百姓則歡呼雀躍，紛紛向湖中投擲黃金、翡翠等，作為向神敬獻的貢品。久而久之，這裡的湖也就成了名副其實的翡翠湖、黃金湖了。

當西班牙人入侵後，他們將印加貴族嚴刑拷打，追問他們「黃金之都」的所在位置，最後得知，是在安地斯山脈對面的大森林中，叫做瑪諾阿國。

從這以後，神祕離奇的探險活動開始了。最早是西班牙人領略了無數毒蛇猛獸之後，掃興而歸；緊接著是葡萄牙、英國、德國、荷蘭等國的探險隊，但不是被懸崖和瀑布擋住去路，就是被野獸困擾，或被疾病纏身，最後死傷慘重。

數百年後，許多探險隊都爭先恐後深入這片原始森林，企圖利用先進的設備，找到傳說中的黃金和翡翠，但最終沒有一個人成功，連生還的人都很少。

一九三六年，一個名叫貢薩羅．凱薩特的西班牙，人組織了一支由七百六十名探險家組成的隊伍，浩浩蕩蕩向神祕的「黃金之都」進發。然而一年後，據稱由於疾病傳染和食物的匱乏，五百五十人喪命，不過他們宣稱，在康迪那瑪爾平原上找到了傳說中的「黃金之都」和「翡翠湖」，並得到了三百萬美元的黃金、翡翠和寶石等。

但沒有人相信他們，因為人們認為他們只是在自我解嘲。因此到現在，仍然有人不斷前去探險，不斷做著黃金和翡翠之夢。而「黃金之都」和「翡翠湖」也如同神祕的印加文化一樣，始終都是一個謎。

○ 不斷的復仇

其實，早在一五三二年十一月，西班牙冒險家法蘭西斯克．皮薩羅（Francisco Pizarro）就曾奉命尋找黃金之都，帶領了六十二個騎兵和一百零二個步兵來到了印加帝國。善良的印加人將他們當成貴客，大開城門迎接他們，印加帝王甚至親自坐著黃金轎子出門會晤皮薩羅。然而，皮薩羅卻在印加國王出城後下令開炮，並將國王從轎子中粗暴拖出，然後迅速占領了這座城市。

皮薩羅提出了為國王贖身的條件，那就是用黃金填滿囚禁國王的房間。印加人為搭救國王，馬上派出大隊人馬籌措黃金；可是到了第二年的夏天，所籌集的黃金離皮薩羅的要求還很遠。皮薩羅失去了耐心，下令處死了國王，並帶著大量黃金離開了印加城。

然而他不知道，為了解救國王，一支六萬人的隊伍正帶著大量的黃金，日夜兼程向都城趕來。可是當印加人聽說國王已經被害了，非常悲憤，將黃金埋藏後，從此開始了對西班牙人無休止的復仇行動。

古老的印加國就此劃上句號，至於印加古國最後的黃金財富被藏在哪裡，也成了一個永恆之謎。

相關連結——印加文明

印加文明是在南美洲西部、中安地斯山區發展起來的古文明。印加文明的影響範圍北起哥倫比亞南部、南到智利中部的馬烏萊河，全長四千八百公里，東西最寬處五百公里，總面積達九十多萬平方公里，人口超過一千萬。

大體說來，印加文明包括了現今厄瓜多山區部分、祕魯山區部分、玻利維亞高原地區、半個智利和阿根廷西北部。據考古學家考證，上述這一廣大地區是美洲最早出現農業的地區，出現時間約在西元前八千年左右。到了西元前三千年，沿海地區的居民已定居下來。到西元前兩千年末，中安地斯山區已出現一系列的古代文化中心。在西元前一千年中下期，印加文明有了發達的農業文化，並逐漸出現了階級和最早的國家形式。

十世紀後半葉以後，中安地斯山區出現了文化相互滲透和兼併的局面，導致一些文化的衰落和消失，形成了印加人統一中安地斯山區前的各種文化基礎。

印加文明也是因為印加人統一中安地斯山區，建立印加帝國而得名。印加人原是生活在的的喀喀湖中的一個部落，十世紀以後逐步北遷，一路征戰，並於西元一二四三年來到現今的庫斯科，在瓦納卡里山上紮營，從此定居，直至毀滅。

神祕的納斯卡線

一九三九年，在祕魯南部的納斯卡高原上，兩個美國人發現這裡有一片標記，覆蓋了數英里，好似一本巨著上眾多的神祕便箋。有很多指向不同的線條，呈蒼白色，遍布在沙漠上。兩人認為，世界上最大的天書被他們找到了。

這一消息震驚了全世界，納斯卡高原成為考古學家考察的熱點。他們很快在此發現了很多圖案，有弧線，也有直線，同時還在相鄰的山坡和沙漠的地面上，找到了巨大的動物形體，比如有一隻蜂鳥，有三百公尺左右；有一隻捲尾猴，長一百零八公尺；有一隻蜘蛛，細腰，四十五公尺長；還有一個巨大的蠟台等，震驚了全世界。世界各地的考古學家陸續來到納斯卡，而在考古學家所發現的全部線條中，長度總和達到八公里。考古學家無法解釋這些圖案，但命名為「納斯卡線」（Nazca Lines）。

○神祕的線條來自何處

科學家對這些巨大的線條說法各異，但都無法找到相關證據。

一支義大利考古隊於一九八三年在納斯卡地區，發現了很多裝飾有動物圖案的陶器，而在荒漠中發現更多，而人們相信，是古納斯卡人製造了這些線條。

發現陶器的具體位置，在線條所處的同一地層裡，因而陶器與線條的年代相當接近。碳-14的測定結果顯示：西元前兩百年到西元後三百年，古納斯卡人製作了這些線條。

長久的風吹日曬後，納斯卡平原的黃沙黏土上所鋪的礫石和火山岩，呈現深沉的顏色。刮去幾公分深色的岩石層，顯露出下面蒼白的泥土，好像在天然的黑板上畫了白色的線條。如果換了一種氣候條件，這些線條會因風化侵蝕。但納斯卡的風化作用卻很弱，幾乎沒有強風，是地球上最乾燥的地區之一，才使得納斯卡線保留至今。

可是直到一九四〇年代，人們才在飛行中發現這種巨大的納斯卡線。創造這些線條的時代距今兩千多年，人們沒有能力看清線條的全貌，這是當時的科技條件所限制。人們不禁疑惑，巨大的直線、弧線以及動物圖案，到底是經過怎樣的設計過程，才被製造出來？

經過研究，德國女數學家瑪利亞．瑞秋（Maria Reiche）發現：在這些巨大的線條中，有許多爬越了山坡，穿越了山谷，雖然跨度很大，卻保持筆直。很可能這其中利用了木樁間的拉線，若想使整條線路筆直，只需三根木樁在目測範圍內保持一條直線，同時他們認真做了實驗。儘管他們的實驗能夠說明一些問題，但是仍有一個疑點：除了線條，納斯卡地區還有弧線組成的圖案。

在瑞秋臨逝世前，她找到了一個答案：弧線是先固定一頭的線，並在另一端透過旋轉畫出了圖案。並且她認為，在畫出弧線前，古納斯卡人首先會設計圖案，畫在約一百八十公分的小塊地皮上。設計者先在圖紙上確定弧線、中心點和輻射線的適當比例，之後適當放大，發現於幾片較大圖案旁的泥土草稿，可以說明這個問題。

儘管瑞秋很努力，講解得也很詳細，但人們並沒有完全接受她關於巨型線條是如何刻製的解釋。像巨大的蜘蛛、神奇的牧羊人這樣的圖案，她仍無法具體解釋，因為這些線條的形狀在地面上根本無法辨認。

馮．丹尼肯（Erich von Däniken）於一九六八年出版的《諸神的戰車？未解之謎（Chariots of the Gods？）》一書中有個觀點：納斯卡線與外星人有關，是他們駕駛飛行器時的跑道。他認為，降落在納斯卡高原的外星人修建了跑道，為飛行器的順利飛行做準備，從線條形狀看，非常像機場的跑道。

但他的觀點遭到普遍的反對，因為沒有跑道，太空飛行器也可以照常飛行；再者，納斯卡的沙土很柔軟，難以承受起飛行器。

然而，儘管科學家否定了馮．丹尼肯的「外星人假說」，這個理論畢竟給了人們一些啟發。天空成為人們新的考慮點，人們猜想，天上的星座有沒有可能是古納斯卡人繪圖的參考呢？

一九八三年，一支義大利考古隊考察納斯卡地區的南部，結果卡瓦奇古城（Cahuachi）浮出水面。卡瓦奇古城中有幾十座金字塔，皆有三十公尺高，廣場很寬闊，石級也很雄偉。奇怪的是，從遺跡的發現成果看，這裡只有過宗教儀式和節日慶典，卻沒有繁忙的市鎮中心和軍事活動。

那麼，古代的納斯卡人的居住地，究竟在什麼地方呢？

○找尋納斯卡人的居住地

不久後，人們在文蒂拉發現了古納斯卡人的大量生活痕跡，文蒂拉位於納斯卡線範圍的北端，種種證據都說明這裡曾是一個真正的城鎮，儘管農業耕作造成了很多破壞。著名的納斯卡線區域是從文蒂拉至卡瓦奇，從住宅區到祭祀區。透過這些發現可以相信，每逢節日，古代納斯卡人都要經過納斯卡線，趕到卡瓦奇進行大規模祭祀。

可見，納斯卡線與祭祀活動的關係和密切，位於一個很重要的位置。那麼，古代納斯卡人到底是為了什麼而祭祀呢？

據現代民族學的觀點，生存是原始民族最重要的問題，所以他們要祭祀和祈求的往往就與生存有關。缺水是納斯卡地區的嚴重問題，安地斯山脈所提供的水源，是現代納斯卡人生活和農耕的保障。乾旱年年出現在卡瓦奇以下的地區，古代的納斯卡人修建了一個交錯一百五十公里的灌溉系統。這些同時具有入口和出口的溝渠，大多深埋地下。納斯卡線的區域恰好與這些溝渠所在地一致。

研究人員認為，古納斯卡人引水的天然管道，是地下的岩石斷層，這些斷層是由遠古時期頻繁的火山活動所致。一名研究人員於一九九七年發現一個岩石斷層。剛剛翻越一個小山脊，納斯卡線就出現在他的眼前，非常壯觀，而那個岩石斷層就在這些線條區域的盡頭。忽然他意識到，有一個水源在下面。研究人員認為，像繪製的供水系統圖一樣，這些巨大的圖形和線條，很可能是納斯卡人的標記，用於記錄地下水源地的位置。如此說來，一個龐大的水源應該就在它下面！

由此可以推想，古納斯卡地區是由不同家族組成的社會。為爭奪水源，可能會引發戰爭，這顯然要付出血的代價。於是家族商量，公平使用水源。最終大家達成了共識：分割納斯卡地區的水渠，並同時服務於不同的家族。為了公平劃分，每個家族在地圖上標注自己家族的族徽，以表示水流的方向和水源地的範圍。從此，納斯卡高原的陶器上就出現了蜘蛛、猴子、巨鳥等圖案。

越來越多的學者贊同此理論，但是納斯卡線的製作過程是怎樣？人們至今難以回答。

點擊謎團——水宮殿之謎

有「惡魔之地」之稱的宮殿，據傳聞藏有魔鬼而得名，它位於土耳其首都伊斯坦堡郊外。

每當從這個宮殿外路過，人們總能聽到宮殿裡傳出神祕的流水聲。

出於好奇心，一對情侶在一九二〇年進入大殿。然而就在進入的一剎那，他們忽然被一聲巨響驚嚇到，大水立即從地下冒出。兩人馬上回身逃跑，卻意外發現，看似高過門檻的水，實際上不會溢出。大水幾乎在瞬間消失，兩人再次大膽走進去，結果一座古羅馬式廳堂展現在眼前，高聳的大理石柱、美麗的雕像和高雅的壁畫都金碧輝煌。

考古學家聽說後，立即展開了宮殿勘察工作。他們認為，這個宮殿很可能建於君士坦丁大帝定都以後，時間約為西元四世紀。殿中大水的漲落，每晝夜會進行六次，都發生在固定的時間，極有規律；更怪的是，控制大水漲落的閘門似乎就是宮殿大門下面的一堆碎石。引水管道又好像是一排空心的圓柱，位於碎石下。

這座宮殿的建築材料是什麼？有人認為是羅馬人的蓄水池，只是蓄水池有必要如此華麗嗎？並且還有著控制大水漲落的功能？還有，高過門檻的大水為什麼卻不會溢出呢？沒有人知道。

所羅門王的「寶藏」

耶路撒冷是猶太教徒、伊斯蘭教徒和基督教徒共同的聖地，舉世聞名。耶路撒冷最早被稱為耶布斯（Jebus），位於地中海東岸的巴勒斯坦中部。

據傳說，一個被稱為耶布斯的部落來到這裡，大約為西元前兩千年，而另一個叫迦南的部落之後也來到了這裡。

○ 所羅門寶藏的來歷

猶太人的首領大衛，於西元前一千年左右占據了這座城市，並在此建都，統一的猶太王國形成了。他們為這座城取名耶路撒冷（Yerushalayim）。

後來，所羅門王讓耶路撒冷快速發展，他建造了包括巨大聖殿的一系列城市建築。在錫安山上，猶太教徒建立了聖殿，它的周圍有一道石牆，建造花費了七年，最後成為兩百多公尺長、一百多公尺寬的建築物，耶路撒冷從此成為聖城。

在聖殿的聖堂裡，金色約櫃中放著西奈法典，兩種最珍貴的聖物。摩西在西奈山頂上得到了約櫃，裡面藏著耶和華的聖諭；同時，摩西還帶給以色列人一套從上帝那裡得來的法典和教規，即西奈法典，用於約束以色列人的行為。

根據傳聞，每年所羅門可以從屬國徵收到六百六十六塔蘭同（talentum）的黃金（一塔蘭相當於一百五十公斤），是一個富裕的國王。聖殿裡同時藏有所羅門的財寶，即「所羅門寶藏」。

所羅門王死後，猶太王國分裂為以耶路撒冷為中心的猶太國和以色列。猶太國由所羅門王的後代統治，而北方以色列的祭司仍到耶路撒冷聖殿獻祭，因為他們沒有單獨的宗教中心，也因為約櫃還在猶太國。

新巴比倫王尼布甲尼撒二世（Nebuchadnezzar II）於西元前五九〇年向猶太發起進攻，耶路撒冷在三年後，終於被巴比倫軍隊毀滅。巴比倫軍隊俘虜了大批猶太人，這就是「巴比倫之囚」（Babylonian captivity）事件，兩件聖物也隨之不見了。

○ 尋寶之旅

以色列長老耶利米（Jeremiah），是第一個踏上尋找約櫃旅程的人。耶利米是「巴比倫之囚」的倖存者，他趁巴比倫人走後，立即尋找約櫃。在聖殿的廢墟裡，耶利米找到了「亞伯拉罕巨石」——約櫃的存放之處，但他沒有找到約櫃。

二十世紀初有人認為，亞伯拉罕巨石底下的暗洞，可能就是藏有約櫃和所羅門寶藏之處。長一百七十七公分、寬一百三十五公分的亞伯拉罕巨石，是一塊花崗岩石，由大理石圓柱支撐，比地面高出一百三十公分左右。在穆斯林的眼中，亞伯拉罕巨石為聖石，也是伊斯蘭教的聖物。亞伯拉罕巨石下面有三十公尺高的岩堂，還有很多的洞穴，因而人們認為這裡很可能是兩件聖物的所在地。

這個觀點流出後，有幾個英國冒險家，試圖從岩石下找到這兩件聖物。但是岩堂的守護人發覺了這兩個人的動機，並將其驅逐，二人敗興而歸。

後來又有人稱，「約亞暗道」裡才是約櫃和所羅門寶藏的收藏地。「約亞暗道」是一條可從城外通到城裡的祕密通道，發現於大衛王攻打耶路撒冷之時，據說所羅門聖殿曾與「約亞暗道」相連。

一八七六年，一名遊覽清真寺遺址的英國軍官，在耶路撒冷近郊發現了一個石洞，順有石梯。出於好奇心，他走入洞的深處，結果又發現了一個圓洞。利用繩子進入圓洞後，又出現了一條暗道。這條暗道的盡頭是另一個山洞，很狹窄，也很漆黑。歷經波折，他最後終於到了洞的外面。令他吃驚的是，從洞中出來的他，居然已置身耶路撒冷城中！有人認為，這條通道，就是傳說中的「約亞暗道」，應該建於大約西元前兩千年。

一九三〇年代，兩名美國人在「約亞暗道」裡發現了另一條祕密地道。這條地道與「約亞暗道」的土質不同，且有被沙土掩埋的階梯。兩人想到用鐵鍬挖沙土，可是他們越挖，越感覺流沙增加，甚至要堵住地道口。兩人趕緊抽身逃出，次日卻發現流沙又堵上了地道的入口。

直到今天，約櫃和所羅門寶藏兩件聖物，仍然是一個謎。

樓蘭古城消失之謎

在今中國新疆羅布泊的西北岸，有古代國都樓蘭城的遺址。如今，「樓蘭」是神祕的代名詞。

○ 有關樓蘭的記載

《史記》中最早出現了「樓蘭國」的名稱，但人們對這個小國的歷史依然不清楚。據《漢書．匈奴列傳》：「鄯善國，本名樓蘭，王治扜泥城，去陽關千六百里，去長安六千一百里。

戶千五百七十，口四萬四千一百。」相關記載說明，受月氏管轄的樓蘭國，建國時間大約在西元前三世紀左右。在月氏被匈奴打敗的西元前一七七年至西元前一七六年，匈奴又統治了樓蘭國。

據高僧法顯《佛國記》，到西元四百年，樓蘭已是「上無飛鳥，下無走獸，遍及望目，唯以死人枯骨為標識耳」。雖然樓蘭在絲綢之路發揮著重要的作用，但是五百年後，除了幾處古城遺跡，樓蘭逐漸退出了歷史舞台。目前在羅布泊的西北角、孔雀河道南岸的七公里處、新疆巴音郭楞蒙古自治州若羌縣北境，就可見這些遺址。

○樓蘭古城被發現

一九〇〇年三月，瑞典探險家斯文．赫定（Sven Hedin）考察了羅布泊沙漠，以艾爾迪克這個維吾爾族農民為驢工兼嚮導。為了找回丟失的工具，艾爾迪克偶遇了一片古代遺址，具體位置在羅布泊西北岸。艾爾迪克馬上告知了斯文．赫定，斯文．赫定很快趕到。他們在這裡發現了織物、木雕和錢幣等物，但因為飲用水缺乏，最終阻斷了斯文．赫定的考察。

一九〇一年，斯文．赫定再次回到這裡，並花費了一週的時間挖掘。結果除了織物、木雕和錢幣，還有糧食和陶器，甚至有寫有漢字的紙片，共三十六張，竹簡共一百二十片，還有書寫工具——毛筆等很多文物。德國的希姆萊鑑定了斯文．赫定發現的文物，從而推知，這些東西皆出自於樓蘭古國。

這個消息震撼世界，樓蘭古國的祕密逐漸被紛至遝來的研究人員揭開。

新疆考古研究所於一九七九年，考察樓蘭的古城古道。他們在孔雀河下游，發現了壯觀而奇特的少許葬墓，和其他大量古墓。由細而粗的圓木圍繞著墓穴，總共套了七層，外面還有列木，卻又展開呈四射狀。這很容易讓人產生聯想，比如太陽。大量的資料和考察告訴我們，一千五百年前的樓蘭古城，曾在絲綢之路上有舉足輕重的地位。

○ 樓蘭緣何神祕消失

樓蘭古城被發現，引起各國探險家的興趣。英國、美國、日本等國家，先後有人從樓蘭古城這裡帶走了很多文物。然而，探險家最關注的，是樓蘭古城消失的原因。

早在一八七八年，俄國探險家普熱瓦利斯基（Nikolay Przhevalsky）就曾考察羅布泊，發現中國地圖上標注的羅布泊地理位置是錯誤的，它應該在阿爾金山山麓，而不是庫魯克塔格山南麓。

羅布泊湖面面積達一萬兩千平方公里，曾經是中國西北乾旱地區最大的湖泊。樓蘭古城就建在曾經的羅布泊附近，面積達到十多萬平方公尺。現在，羅布泊成為鹽澤荒漠，不再有成群的野鳥伴著湖水。專家指出，古樓蘭以羅布泊為生命之源。羅布泊的變化，導致了古樓蘭的自然變故，氣候愈加無常，加之水源枯竭，樓蘭人不得不放棄此處，導致樓蘭古城消失。

若果真如此，那麼究竟是什麼原因，導致羅布泊從水豐魚肥，變成茫茫沙漠的呢？看來，要找到樓蘭古城消失的原因，首先要找到羅布泊乾涸的原因了。

經過了全面而系統的環境考察，研究人員推斷羅布泊乾涸的原因：距今七萬～八萬年前，青藏高原曾經隆升，並且速度極快。受這影響，羅布泊也經歷了由南向北的遷移，這可能是湖泊乾涸的最重要原因。然而，這樣的說法很難讓人信服，原因也過於簡單。羅布泊乾涸，說明的問題可能不僅關乎地域，還有可能是全球。而且具體的因素，可能也包括自然和人為兩方面。

首先，全球氣候的乾旱化，很可能是羅布泊乾涸的大背景。幾萬年前，末次冰期結束，環境也由乾冷變為濕潤，這是一種空前的變動。與此同時，人類社會進入新石器時代。一萬年後，地質環境又經歷了升溫期、高溫期和降溫期，這三個階段性變化發生的具體時代，分別距今約一萬年至八千年、距今約八千年至三千年、距今三千年至今為降溫期。人類的活動範圍與方式也必然受到影響。

新石器時代的樓蘭已經出現人類，青銅器時代就已人口密集，羅布泊此時的環境非常適宜居住。但之後的降溫期來臨，羅布泊的水源逐漸枯竭，面積不斷縮減，沙漠面積不斷擴大了。距今約兩千年左右，旱化一直加劇。西元前後至四世紀，樓蘭古城逐漸消亡。其實，旱化時期消亡的城市不只是樓蘭，尼雅、喀拉墩、米蘭城、尼壤城、可汗城、統萬城等城市的消亡，都是沙漠不斷擴大所致。樓蘭古城的消亡不是一個孤立現象。只是它處在中國北方的內陸，可以顯示出文與自然環境的顯著變化。

除了氣候，樓蘭古城消失的地域性因素，是青藏高原的隆起，嚴重影響了中國西北部的氣候，並且決定了羅布泊的存亡。羅布泊隨之從南向北推移，導致湖面急劇縮小。加之有高低起伏的湖底，古羅布泊最終分解並且乾涸。

另外，有資料顯示，發生於孔雀河上游的滑坡事件，阻斷了羅布泊的源水，這無疑也是羅布泊乾涸的重要原因之一。

到了晚近期，人類的活動也加速了羅布泊的乾涸。對荒原上的綠洲來說，水源和樹木意義非常。但為了建造房屋等，樓蘭人砍伐，導致環境變化，生態環境隨著水系的變化和戰爭的破壞，越來越惡劣。在這諸多因素的作用下，羅布泊再也沒有了水，難耐炎熱的氣候，強烈蒸發使它成為沙漠。樓蘭沒有了水這個生命之源，也逐漸荒蕪，最終消失在沙漠之中……

「水晶骷髏」是真是假

在美洲，印第安人流傳著一個關於水晶骷髏的傳說：古時有十三個能說會唱的頭骨，且是水晶打造。有關人類起源和死亡的資訊都藏在骷髏裡。二〇一二年十二月二十一日，是馬雅曆法的終結日，在此之前，馬雅曆法已迴圈了五千一百二十六年。有傳說認為，人們必須在這天之前將十三個頭骨聚集到一起，擺放正確，不然會導致地球脫離地軸，引發世界末日。

○ 發現水晶骷髏

一九二七年，考古學家安娜．赫傑斯在父親的帶領下，找到了一個水晶骷髏，這個頭骨正是由白水晶所雕，於中美洲瓜地馬拉鄰國貝里斯的古馬雅遺址發現。

奇異的是，這塊別致的頭骨，頭顱和下頷看似結合緊密，卻同時能夠靈活分開，有著精湛的工藝。頭骨很逼真，看似像一個成年人的頭骨。如果有光線從下面射入頭骨中，光線最後一定會從眼窩出來。此外，還可以利用頭顱兩側的小孔懸空固定，還有凹位連結頭顱與下頷。

○ 水晶骷髏的神祕之處

透過與真正的人類頭骨對比，科學家發現，水晶骷髏的參數，與真正的人類頭骨很相似，只有眼部不太一致。

十七世紀發展了光學，十八世紀興起了解剖學，人類才得以準確認識人體的骨骼結構。從水晶骷髏看，頭骨的雕刻者已經對人體骨骼構造很了解，並且運用了很多光學原理。人們困惑，難道在一千多年前，馬雅人已經對解剖學和光學知識瞭若指掌了嗎？

再看材料——水晶，是世界上最硬的材料之一。銅、鐵等材料要做頭骨都很難，更何況這麼硬的水晶呢？他們該用什麼樣的工具來做呢？而且，水晶雖硬卻很易碎。科學家推斷這些數千年前的頭骨製造過程：從一塊大水晶石上，利用極細的沙子和水打磨，並且要耗時很久，即使是二十四小時不停，也要經過三百年！

傳說認為，有關人類起源和死亡的祕密，藏在這些水晶骷髏中。若真如此，人類要怎樣才能解讀這些祕密呢？科學家並不認為它們可以開口說話。只有一種可能性，頭骨是資訊載體，攜帶著祕密資料，作用相當於硬碟。

為此，科學家還進行了一個實驗：他們將一些資訊以雷射輸入頭骨，一段時間後又將這些資訊恢復，資料不會受到損壞。這個實驗證明，水晶骷髏可以保存數千年前的資料。

只是，即使頭骨有儲存資訊的功用，那資訊是怎樣輸入頭骨的呢？現代人的科學技術難道已被他們掌握？那現代人該怎樣提取頭骨的訊息？科學家不知所措。

然而，水晶骷髏上還有很多奇怪的地方。頭骨的基底有稜鏡，眼窩裡有用手工琢磨的透鏡，如果有光線照到頭骨，透鏡和稜鏡共同作用，會引起一系列的光學變化。之後會發出有催眠效力的炫目光束，人們受到這光束的影響，就會出現幻聽和幻覺；頭骨還有治病的神效，曾經有人在摸過頭骨後立即康復，人們對於這一系列現象都難以解釋。

於是一些人提出，水晶骷髏來自地外星球，是拜訪地球的外星人送給馬雅人的禮物。在人們發現之前，這些頭骨一直在金字塔中保存，但科學家也無法考證這種觀點。

○水晶骷髏是假的嗎

儘管人們對安娜．赫傑斯發現的水晶骷髏做了種種離奇的猜測，但這不是人們發現的第一個，也不是唯一一個水晶骷髏。

實際上，人們已經發現了十幾個水晶骷髏，也不全是馬雅人的遺物。這些頭骨大多數都是私人收藏，只有三個在研究機構或博物館。但安娜發現的這顆頭骨純度最高，是最神奇、最完美的骷髏。

由於這顆頭骨過於完美，人們不禁對它的真實來歷感到懷疑。尤其是，安娜本人竟對此頭骨的出土時間持不同說法。一九六二年，在接受採訪時，安娜說水晶骷髏是父親發現於一九三〇年代末，具體地點是馬雅的遺址；一九六八年，她卻在給另一專家的信中，提到頭骨發現於一九六二年；一九八二年，接受學者尼克爾的提問，稱一九二四年發現了頭骨；一九九五年，安娜出版了《水晶骷髏之謎》，書中又說發現於自己十七歲生日的當天。安娜的這些矛盾，是人們懷疑的重要原因。

另外有調查顯示，只有古阿茲特克人會雕刻頭骨，馬雅人卻沒有這種相同的習慣。所以頭骨發現於馬雅遺跡，更增添了這個頭骨的神祕。

二〇〇五年一月，考古界發生了一件令人震驚的事情。經過科學鑑定，大英博物館所藏古阿茲特克人的水晶骷髏為假，人們非常震驚，安娜發現的水晶骷髏也開始受到各方質疑。因為與大英博物館的頭骨相比，安娜發現的頭骨也有相似的形狀，且頭骨的模型都是女性頭骨。二者的不同就在於後者的做工更精細，下頜已經從頭骨中獨立。但驚人的相似，還是讓人們認為這兩個頭骨很可能是同時製作。

據說，大英博物館所藏水晶骷髏，發現於墨西哥古阿茲特克人遺址。這具頭骨的製作方法應該是經過了打磨和切割兩個過程，這種製作工藝很難說在當時美洲大陸上已經出現。

新知博覽——巴比倫的空中花園

據傳說，尼布甲尼撒二世帶領巴比倫王國，於大約西元前六百年達到全盛時期。之後，尼布甲尼撒二世娶了米底（Median）的公主以鞏固統治，但公主無法適應美索不達米亞平原乾燥荒涼的氣候。尼布甲尼撒二世於是命令為公主修築了一座林苑，位於王宮附近。從遠處看，林苑像一座開滿鮮花的小山，這就是傳說中的「空中花園」。

「空中花園」已經消失，只能從相關的記載中窺探它的原貌。這是一座高一百一十公尺的平台式建築，有著依次向上遞減的布局，巨大的廊柱支撐起各個樓層，頂部鋪著瀝青黏合的蘆葦，再往上是磚塊、泥土及各種各樣的花花草草。幼發拉底河中的水作為灌溉水源被輸送至平台，同時形成了瀑布和溪流，異常美麗和壯大。

幾千年來，空中花園的故事一直在流傳。但是巴比倫楔形文字文獻中，卻沒有這方面的記載，即使零散的記述，也是從西元前兩百八十年才留下，但也只是提到被巴比倫攻滅的亞述王國喜歡建造花園。人們曾經在亞述王國首都的尼尼微王宮遺址中，發現繪有花園的壁畫，其中花園就建在城堡之上。巴比倫人建造花園的技術，很可能就師承於亞述人，並且兩國也曾經聯姻。而很多人認為，幼發拉底河底是空中花園遺址的所在地。

德國考古學家在十九世紀末，挖掘巴比倫城遺址，證實了空中花園的存在。但是其中的巴比倫楔形文字泥版文書卻沒有任何文字資訊，所空中花園的真實面貌仍然難以重現。

三星堆從何而來

清《嘉慶漢州志》記載的「三星伴月堆」，指的是四川省廣漢南興鎮的自然風物——月亮灣和三個黃土堆。古老的馬牧河在三星堆村形成月亮灣，而三個起伏相連的黃土堆在馬牧河的南岸。這裡是三星堆遺址，古蜀先民曾經的居住地。

三星堆是一座三點五平方公里左右的古城，南北都有兩公里寬，整個城址北窄南寬。它的城牆寬度超過了四十公尺，頂部約二十公尺，非常寬闊。據估計，當時的居民有三～五萬人，規模壯大、布局合理、建築技術高超。

人們在偶然中發現了三星堆遺址。一九二九年春，意欲在房子旁邊挖一水溝的農民燕道誠，忽然挖到了大量的玉器，玉器非常精美。此後，人們開始投入到三星堆文明的研究。一九六八年，人們在這裡找到了兩個商代大型祭祀坑，有上千件的珍寶出土；遺憾的是，人們沒有找到任何的文字，所以三星堆遺址至今仍是謎團。

○ 三星堆出土的特色文物

從三星堆遺址來看，這裡曾是古代蜀國的都城之一，在兩個大型商代祭祀坑中的文物中，王室的宗廟重器占了很大比例。專家推測，很可能是新建立的新王朝為了焚毀前代王室的宗廟重器，而挖掘了此坑，並將這些東西倒入坑中。

發現於三星堆祭祀坑的文物有接近一千件，其中有三百件青銅器很有特色。比如面像、人面具、跪坐人像、龍形飾、人頭像、人龍柱形器、虎形器、羊尊、瓿、器蓋、盤等，皆發現於一號坑；人面具、獸面具、獸面、神壇、神樹、太陽形器、大型青銅立人像、跪坐人像、人頭像、眼泡、銅鈴、銅掛飾、銅戈、銅戚形方孔璧、鳥、蛇、雞、怪獸、水牛頭、鹿、鯰魚等等，皆出土於二號坑。

三星堆出土的青銅器又大又高，除了複雜的結構，造型也很形象。比如二號坑中獨一無二的立人像，頭上戴著高高的帽子，帽子上還畫著一個獸面；身上穿著三層衣服，最外層很有燕尾服的感覺，這個重一百八十多公斤的人，高兩百六十二公分，向上平抬手臂，似乎在向人呈獻祭品；還有一個大型獸面具，有誇張的造型，臉型也像人也像獸，高聳著角尺型的大耳朵，突出長長的眼睛，看上去很恐怖。而這個面具本身寬一百三十八公分，重八十公斤。另外還有一株高三百八十四公分的青銅神樹，樹上有九支主幹，上面棲息著小鳥，枝下掛滿了果實，一條龍盤附而上，反映著古代的扶桑神話。

三星堆青銅器的造型有現實的原型，比如頭像和面具類的青銅像，是祖先神靈的象徵；立人像指示的主持祭祀的人，跪坐人像是祭祀祈禱者；獸面青銅像則是自然神祇的代表；神樹還凝結著他們的植物崇拜意識。據研究，早期蜀最主要的精神活動就是宗教崇拜，並且以祖先和動植物等自然神靈作為崇拜的對象。

需要指出的是，在三星堆出土的文物中，有很多奇特的文物，它們統一對「眼睛」做了表現。比如有一件眼球突出的大面具，向前突出的瞳孔部長十六點五公分，呈圓柱狀；再如一件銅面具，突出的雙目長九公分。此外，還有很多可組裝或單獨懸掛、舉奉的「眼形銅飾件」，有菱形、勾雲形、圓泡形等一共十幾種樣式，榫孔分布在「眼形銅飾件」的周邊，這些都說明了人們對眼睛的重視。

古代的蜀人何以如此重視眼睛？眼睛的瞳孔做成圓柱狀的原因是什麼？《華陽國志》中

說：「蜀侯蠶叢，其目縱，始稱王」，這很可能與他們的祖先崇拜有關。「縱目」，即與銅面具眼睛上的圓柱凸起相一致，所以他們的墓塚為「縱目人塚」。這些眼睛突出的面具，很可能是蜀王蠶叢的神像。

從史書中可以找到相關的記載，四川西北岷山上游的汶山郡，是蜀王蠶叢曾經的居住地。「有鹼石，煎之得鹽。土地剛鹵，不宜五穀。」是這一地區的特徵。此地區嚴重缺乏碘元素，到近代時仍是甲狀腺亢進的高發區，而如果有人得了甲狀腺亢進，他的眼睛就會突出。所以，眼睛突出的蜀王蠶叢，很可能就得了很嚴重的甲狀腺亢進。「縱目」的神像很有可能就是後人根據蠶叢的這一形象特點雕刻。

○ 三星堆的難解之謎

三星堆被列為世界文化遺產，而三星堆的這些文物仍存在太多的未解之謎。

（一）文明的起源地在哪裡：經確定，中原地區並不是這些三星堆文物的起源地。但是讓人感覺到不可思議的是，人們沒有在青銅器的任何地方發現一個文字。發現於三星堆的人物雕畫，有著高高的鼻梁，深陷的眼睛，突出的顴骨，大大的嘴巴和耳朵，另外，耳朵上還穿有耳洞，笑怒皆非的表情，人們深感這些造型奇怪的青銅人物不是蜀人。有專家認為，他們很可能來自其他地區，因為這裡的文明似乎與其他的大陸文明很類似，比如都有金杖和金面具青銅像。亞洲先民在距今一萬年前，就開始遠涉，那麼三星堆四千年前時，同樣會有來自其他大陸的人。

（二）三星堆古都消失的原因：古蜀國從漸進、繁盛到神祕消失，這期間經歷了一千五百多年。人們對它神祕消失的原因提出了很多推測，卻沒有證據可以證明。有人認為，很可能是遭遇了洪水。從遺址來看，古城中部橫穿著馬牧河，並且古城北部瀕臨鴨子河。但洪水過程應該會留下沉積層，遺址中卻一直沒有發現。有人提出，古城滅亡於戰爭，因為遺址中有很多被燒焦的器具；可是，器具所屬的年代也可能相隔幾百年。有人認為，人們遷徙，放棄了古城，但導致人們遷徙的原因又是什麼？總之，每一種解釋都有很多漏洞。

（三）器具代表的問題：在發現於三星堆的青銅器中，占最大比例的是祭祀用品，而很少有生活用品。這意味著，古蜀國的宗教意識已經很深入，並且他們還建立了完整的原始宗教體系。青銅雕像、金杖等都帶有不同地域的文化特點，而且與古埃及文化、馬雅文化很相似。所以有人認為，世界朝聖的中心可能曾經就在三星堆，這與眾多的祭祀用品相關；另外，經鑑定，三星堆遺址中還有來自印度洋的海貝，超過了五千枚。李白〈蜀道難〉有「不與秦塞通人煙」，難道當時的蜀國已經有國際交流了嗎？

（四）文字、圖畫的象徵：雖然人們沒有在三星堆出土的文物上發現任何文字記載，卻發現了很多圖案，學者正在試著破解其中的一些圖案。有的專家認為，其中的一些圖案難以表達言語，只是單一存在的某些符號。如果人們能夠破解這些圖案，三星堆的謎團就有望得到解釋。

不只這些，科學家還有很多困惑，例如曾經居住在三星堆古城的居民是什麼種族？人們在這裡建立了什麼樣的政權，信奉什麼樣的宗教？他們怎樣掌握了這麼高端的冶煉技術，產生了這樣內涵豐富的青銅文化？三星堆古蜀國產生的具體時間是什麼時候，又持續了多長時間？三星堆古城突然神祕消亡的原因是什麼？這些謎題如果能夠解開，三星堆文明也就可以重新被認識了。

延伸閱讀——三星堆與外星人無關

曾經有人提出，三星堆古城可能是世界朝聖中心，但專家否定了這一說法。人們從三星堆的四號灰坑中，發現了圓形的石璧和石瑗，大概是用於祭天。也有石琮，可能是用於祭地，還有雙耳小平底罐。據說，這種雙耳小平底罐，即使在中原地區和長江下游的相關遺址中也沒有出土過。

據專家說，三星堆的古蜀文化遺址，可能存在於距今五千年至三千年左右的時代。人們從遺址中發現了三期考古學文化，並且有不同的面貌，彼此間有連續繼承的關係。透過分析祭祀坑中象牙的DNA，這些象牙屬於亞洲象，否定了三星堆文明與馬雅文明或外星文明的聯繫。專家指出，這裡的地理環境比較險要，很難有非常通暢的朝聖路，所以這種說法也沒有根據。

敦煌石窟被盜之謎

位於中國西部的敦煌，包圍著浩瀚的戈壁沙漠，是典型的荒涼區。在這裡，狂風吹積的大沙丘一座連著一座，嚴寒的氣候經常會出現冰點以下的低溫。即使這樣，敦煌仍然舉世聞名，而作為絲綢之路的重要起點，敦煌一直是令人神往之地，吸引著眾多遊覽者和研究者。

據說，敦煌有個藏經閣，這裡的藏書達三十萬卷，有十一世紀或更早的書，並且涉及到很多領域，天文、歷史、文學、農事、醫藥、法律、佛學、地理皆備。除了書籍還有很多彩繪圖卷和絲綢。遺憾的是，這些價值無尚的文物大都散失了，因為遭到了搶奪。

○ 敦煌寶藏初露端倪

敦煌石窟到了十九世紀末，已經荒無人煙，難以見到朝聖的佛教徒。經過了漫長的時間，洞口也為流沙填堵。道士王圓篆被這一片荒涼破落的景象震驚了，就想要重修寺院，恢復這裡的壯觀景象。在清理洞窟的過程中，一名工人從一個畫壁的裂縫中看到了一間密室，古籍和其他文物在密室中堆得滿滿。王道士將其中的部分樣本送到地方官府，地方官謹慎行事，命王道士重新封死密室，等待時機。

考古學家斯坦因（Marc Aurel Stein）很快得知了這個消息。英國籍的斯坦因出生在奧地利，後來被英國政府派遣到印度處理相關事務。對於中國文化，他沒有什麼研究和認識，但他卻有考古冒險的敏銳眼光，所以他很快就帶著助手到了敦煌。他有意結識王道士，但是王道士卻對斯坦因存有警惕。

關於二人的初次會面，斯坦因曾在一九〇七年五月寫到：「這個人看起來高深莫測，顯得顧慮頗多，偶爾神態閃爍，露出奸狡之色，一點都不容易相處。」王道士的態度，很快讓斯坦因明白，他必須要取得王道士的信任，否則根本不可能見到寶物。

因此，斯坦因找到一個藉口——拍攝壁畫。他繞了很大的圈子，最後才說到了密室。斯坦因試探提出鑑賞樣本的想法，但是王道士立即表現得忐忑不安，斯坦因只好馬上放棄了這個要求。之後，斯坦因仍然難以忘記密室，他終於舊話重提，不擇手段。為了換到王道士的好感和信任，他提出，願意為出資幫助王道士重修寺院。王道士之前的願望忽然被喚起，也終於變得緩和，慢慢落入斯坦因的圈套。他讓斯坦因閱覽了部分手抄本，更允許斯坦因和助手進入密室。

○卑劣手段盜取寶藏

驚喜不已的斯坦因和助手進入了密室後，他們隨手拿起幾本古籍，就感到它們是無價之寶。這些古老的卷帙保藏的異常完好，絲毫沒有脫頁磨損。古籍在密室密封了九百多年，它們所處的位置在沙漠邊緣的斷崖下，這裡進不了一點水或雪，乾燥的空氣最適宜藏書。卷帙堆中，有華麗的橫幅，上面的佛像有鮮亮的色彩，好似剛剛畫上，裡面的絹帛也一樣精美。

斯坦因抑制住心中的興奮，表露出一副毫不在意的神情，使王道士產生一種錯覺，以為自己保管的東西毫不值錢。王道士對斯坦因放下了戒備之心，斯坦因和助手得以隨意出入密室，為所欲為。不久，斯坦因又展開了新的行動，藉口說為了進行學術研究，他需要帶走幾捆藏品；

還謊稱只要讓誠心向道的人拿藏品去鑑賞，也就宣揚了佛法。為了討王道士歡心，他稱在帶走古籍的同時，不斷捐資以修寺院，王道士完全受到斯坦因的擺布。

斯坦因展開竊取行動，在中國助手的幫助下，他們夜盜文物，最後一共拿到了二十四箱古籍文物，共計三千多卷經籍、兩百多幅繪畫以及五箱絹帛。英國皇家因他尋寶有功，授予他爵士的封號。打著向道的旗號，利用了無知的王道士，狡猾的斯坦因只花了五百盧比，就「買」到了這麼多的無價之寶。

○ 敦煌寶藏遺失海外

大英博物館至今都保藏著這些被斯坦因帶走的珍貴敦煌文物，其中最為珍貴的是繪畫作品，多是唐代的作品，非常罕見，有的繪畫作品非常大，有可能用於大型的慶典。

回顧斯坦因首次進入密室的情景，他被眼前所看到的文物所震驚，簡直是目瞪口呆。這些擺放頗不齊的經文卷帙，他從未見過。王道士手提黯淡的油燈，在昏黃的燈光中，有接近三公尺高的手抄本。後來測量之後人們才知道，這個容積十四立方公尺的密室中，滿滿擺放著手抄本和畫卷，剩下的空間則只能站下兩個人。

為什麼會有這麼多珍貴的文物藏在這個密室中呢？研究發現，這裡面的手抄本的年代皆早於宋真宗時期。韃靼在十一世紀初期幾次攻占敦煌，這些文物藏在密室中，很可能是為了防止敵人破壞。後來，蒙古人統治中國的時間長達數十年，人們也忘記了這些寶物的存在，只可惜被英國掠走了很多珍品。

相關連結——敦煌莫高窟

敦煌莫高窟是莫高窟、西千佛洞的總稱，位於甘肅省敦煌市境內。這裡是保存最完好的佛教藝術寶庫，作為中國四大石窟之一，敦煌莫高窟在世界上的規模也最宏大。

開鑿在鳴沙山東麓斷崖的莫高窟，位於敦煌市東南二十五公里處。整個石窟群非常壯觀，從上到下共有五層，南北長一千六百公尺左右。作為舉世聞名的佛教藝術中心，這裡有最豐富的內容、最龐大的規模。一九八七年十二月，聯合國教科文組織將敦煌莫高窟納入世界文化遺產。

經歷了長時間風化和人為破壞之後，現在仍有四百九十二個洞窟，四萬五千多平方公尺的壁畫及兩千尊彩塑。作為世界現存佛教藝術最偉大的寶庫，莫高窟的洞窟涵蓋了十個朝代：十六國、北魏、西魏、北周、隋、唐、五代、宋、西夏、元等。若將這四萬五千多平方公尺的壁畫橫向伸展，可以長達三十多公里，組成世界上最長、最大、內容最全的畫廊。隨著專家對敦煌從未間斷研究，「敦煌學」還作為一個專門學科而誕生。

莫高窟的壁畫舉世聞名，集古建築、雕塑和壁畫於一體。即使在世界上有很多與宗教相關的寺院、宮殿或石窟，但都無法與莫高窟相比。佛像、飛天、神女等充滿整個洞窟。另外還有其他各種與佛教有關的壁畫，比如史蹟畫、故事畫和經變畫以及供養人畫、神怪畫，都非常精美。

莫高窟內的雕塑種類繁多，大到三十三公尺，小到十幾公分，大小不一。這裡相當於大型雕塑館，保存著眾多塑像。

一九六一年，莫高窟被列入中國國務院劃分的國家重點文物保護的名單。

梟雄曹操的墓葬謎團

曹操在《三國演義》中被塑造成一個「奸雄」，為人生性多疑。臨死前，為防仇家毀壞和盜竊，曹操命人在鄴城建造了七十二座墓塚以迷惑眾人，結果成為歷史之謎。

這位歷史上著名梟雄的墓塚到底在什麼地方？他的墳墓也會有龐大的地宮，並且設置了重重地機關嗎？真的留下了七十二座疑塚嗎？

○ 七十二疑塚是否真的存在？

「生前欺人絕漢統，死後欺人設疑塚，人生用智死即休，焉有餘智到壟丘。人言疑塚我不疑，我有一法君未知，盡發疑塚七十二，必有一塚葬君屍。」這是宋代的一首古詩，首次提到了曹操的七十二疑塚，也就是說，這種傳說到宋代時已經流傳。不過並沒有人真正找過這七十二座疑塚。

曹操真的為自己準備了七十二疑塚嗎？那麼在經歷了如此長的時間後，這些陵墓還會保存完好嗎？若真有七十二座墓塚，那曹操的屍骨會在這其中的哪一座呢？歷史上傳說的曹操，是

「治世之能臣，亂世之梟雄」，而這個叱吒風雲的奸雄，為後人留下了太多的疑惑。

有關曹操七十二疑塚的傳說，已經有了幾千年的歷史，但是人們從來沒有找過。建七十二座疑塚，絕對是一件大工程，需要耗費大量的人力、物力和財力。

東漢末年，長期戰亂，曹操非常體恤民情，提倡節約。他下令不許宮女或家人穿有刺繡的衣服，並且只允許穿兩種顏色的鞋子，家中也不允許有奢侈的生活。曹操將曹植之妻賜死，只是因她穿了華麗的衣服，這更顯示了他勤儉治國的信念。另外，曹操提出「薄葬」，這在歷史上尚屬首次。他囑咐要在瘠薄之地設塚，不可以在墓上做任何標記，不允許自己的墓塚有金銀珍寶等陪葬品，也只準備了四箱衣服送終。

然而，提倡薄葬等於不設疑塚嗎？首先看一下曹操提出薄葬的原因。最主要的原因是為民生著想，不要奢華；還有一個原因是，當時有著盜墓之風，很多漢代的大墓都難以倖免。曹操本人也有盜墓的經歷。在軍中，曹操曾設立「摸金校尉」，這個官職是挖掘古墓、聚斂錢財的專門人員，這有利於籌措軍費，如此就能理解曹操設立七十二疑塚的必要了。

○ 曹操的真墓在哪裡？

到今天，人們仍然沒有發現曹操墓，曹操的真正墓塚在什麼地方呢？他的墓地是怎樣的布局和體制呢？

曹操曾將西門豹祠作為建塚的理想之地，但現在已經無法確定西門豹祠的具體位置了，因為西門豹祠經歷了多次戰亂，也多次毀壞和重修。人們只知道，西門豹祠的大概在河北省的臨漳縣。

關於曹操的墓地，迄今為止有四種說法。第一種認為，現在的河北省磁縣境內的鄴城西面，是曹操墓地之所在；第二種認為，現在的河南省許昌城，曾經是曹魏的行政中心，很可能在這裡；第三種認為，漳河水底藏著曹操的葬墓，同時藏有很多機關；第四種認為，鄴城西北部的銅雀台下，藏著曹操的墓塚。

儘管研究者投入了大量時間研究，但沒有任何證據可以說明曹操墓地的位置，所以這仍然是未解之謎。

據《三國志．文帝紀》，曹操墓陵「因山為體，無為封樹，無立寢殿，造園邑，通神道。」專家只能根據這零散的記載，推測曹操墓地布局體制。從這些文字來看，曹操墓中並沒有很高大的建築和封土。

○ 疑塚的真實面目

專家透過史料考證，曹操墓地在唐代之前還可以確定具體位置。李世民在經過曹操墓地時，曾經作文章以祭奠曹操；但從北宋開始，人們就難以確定曹操墓的準確位置了。

中國社會的正統觀念自宋代後重新強化，曹操的奸雄形象更為突出，狡詐多疑的性格特點越加突顯。王安石很尊崇曹操，卻也相信了這說法，他的詩作〈疑塚〉：「青山如浪入漳州，銅雀台西八九丘；螻蟻往還空壟畝，麒麟埋沒幾春秋。」就是在遊銅雀台遺址時所作。

明代小說《三國演義》中，曹操作為「奸雄」形象，是一個預謀篡位、兇險狡詐的人物，可謂生前欺天、死後欺人。《三國演義》中寫道「曹在鄴西建七十二疑塚」，首先以文學性的語言提出了七十二座疑塚的說法。客觀來說，七十二疑塚說並不是憑空捏造，在文學作品中，曹操又被刻畫成一個著名的反面人物，謀奪漢室帝祚，設立七十二疑塚。

三國之後，在鄴西的確發現了諸多墓塚，非常高大，並且有很多王侯用品。到一九五六年，「磁縣七十二疑塚」就被河北省政府列入省級文物保護名單。

近代，中國國家文物局普查和徵集文物，疑塚也在範圍之內。經過一系列考古挖掘，考古界終於明白了河北的疑塚之謎：這些墓塚群並不是曹操的疑塚，而屬於南北朝時代東魏、北齊的王公貴族。並且就數量來看，有一百三十四座，而非七十二座。一九八九年，「磁縣北朝墓」的名稱，代替了之前的「磁縣七十二疑塚」，中國國務院將這裡劃為國家級重點文物保護單位。

二〇〇九年十二月，考古人員在河南省安陽挖掘了一座古墓，並被官方認定為曹操墓。

相關連結——曹操的文學成就

在文學、書法、音樂等方面，曹操皆有所成就，尤其是詩歌和散文在文學史上有著重要的地位和影響。他留下的詩篇全為樂府詩篇，不到二十篇。從內容上看，有時事詩、遊仙詩，還有表現理想的詩作。

〈薤露行〉、〈蒿里行〉、〈苦寒行〉、〈步出夏門行〉等屬於時事題材，其中作於建安初年的是〈薤露行〉和〈蒿里行〉。〈薤露行〉反映的是董卓作亂之事，〈蒿里行〉寫的是各州郡討伐董卓，彼此間又各懷野心，內容上，二詩得以相繼。鍾惺《古詩歸》中評價曹操的這兩首詩：「漢末實錄，真詩史也」，因為它們對董卓作亂前後的史實有比較客觀的反應。值得注意的是，「鎧甲生蟣虱，萬姓以死亡，白骨露於野，千里無雞鳴，生民百遺一，念之斷人腸。」（〈蒿里行〉）反映了戰亂帶來的深重災難，運用了同情的基調。

另外，建安十一年的〈苦寒行〉，生動描寫了冬日太行山區的險要、荒涼和嚴寒，藉以襯托詩人內心的複雜心情。

曹操於建安十二年征三郡烏桓時，作了〈步出夏門行〉。詩中的「豔」著重於詩人的心情，一解「觀滄海」，以磅礴的氣勢和雄放的格調，襯寫出了經碣石的感受和博大胸懷——包容宇宙、吞吐日月：「秋風蕭瑟，洪波湧起，日月之行，若出其中，星漢燦爛，若出其裡」。二解「冬十月」，三解「河朔寒」，敘所見所聞，四解「龜雖壽」，運用了生動的比喻，抒發了勝利後的感想：「老驥伏櫪，志在千里，烈士暮年，壯心不已。」全詩洋溢著積極進取的精神。

〈度關山〉、〈對酒〉、〈短歌行〉等主要表述理想。〈度關山〉、〈對酒〉表述的是政治理想，構想了一個太平盛世。漢末社會混亂，儒法兼採、恩威並用的賢君良臣政治，正是人們的願望。求賢是〈短歌行〉的主題。「山不厭高，水不厭深，周公吐哺，天下歸心」，成為後世表達求賢心情的著名詩句。

〈氣出唱〉、〈秋胡行〉等屬於遊仙詩，曹操藉遊仙表達其它思想，因他本人一直不信方士神仙之說。

曹操的詩歌感情深摯、氣韻沉雄、不尚藻飾、樸實無華。整個建安時代的文學都有著慷慨悲涼的基調，但曹操的詩歌表現得最為突出。

在體裁上，曹操的樂府詩發展了漢樂府，他以舊題寫新內容，如〈薤露行〉、〈蒿里行〉等。總之，曹操首開以樂府寫時事的傳統，並為南北朝直到唐代的許多詩人所繼承。

曹操的散文有表、令、書三大類，多是應用性文字，〈請追增郭嘉封邑表〉、〈讓縣自明本志令〉、〈與王修書〉、〈祀故太尉橋玄文〉等是他的散文代表作，質樸渾重、率真流暢是這些散文的主要特色。在〈讓縣自明本志令〉中，有「設使國家無有孤，不知當幾人稱帝，幾人稱王」之語，非常坦率也氣魄非常。東漢以來，散文逐漸駢化，講究用典和對偶。曹操的散文可謂獨樹一幟。

在長期戰亂、社會殘破的背景下，曹操對建安文學有著重要的推動作用，在他的提倡下，建安文學才能夠興起發展。劉勰在《文心雕龍．時序》中說：「魏武以相王之尊，雅愛詩章。」曹操對於建安文學的推動作用由此可見，而「鄴下文人集團」的形成，也與曹操有密切關係。

明代張溥的《漢魏六朝百三家集》，做《魏武帝集》，收錄他的一百四十五篇散見詩文；據清姚振宗《三國藝文志》記載，曹操有《魏武帝集》三十卷錄一卷、《兵書》十三卷等十餘種，今天只存《孫子注》；近代丁福保《漢魏六朝名家集》中也有《魏武帝集》，所收作品比《漢魏六朝百三家集》多。以丁福保本為藍本，中華書局於一九五九年重新排印了《曹操集》，附入《魏志．武帝紀》、《曹操年表》，也增入了《孫子注》。

美麗的泰姬瑪哈陵之謎

泰姬瑪哈陵作為世界七大建築奇蹟之一，以其華麗壯觀、氣勢磅礴而舉世聞名。但長期以來，圍繞著泰姬瑪哈陵的設計建造和藝術流派問題，引起了印度國內外學者的爭議，也產生了許多令人感興趣的問題，比如：究竟是誰建造了泰姬瑪哈陵？歐洲文藝復興時代的大師們是否參與過設計？泰姬瑪哈陵是伊斯蘭建築藝術的典範，還是一座印度教神廟聖殿的遺址？這些問題耐人尋味，且不斷人提出一些新說法。

○ 泰姬瑪哈陵究竟有多壯觀

泰姬瑪哈陵始建於西元一六三一年（也有稱是一六三二年），由來自中亞各地、土耳其、波斯、印度和歐洲國家的建築師和工匠營造。據稱，當時每天動員兩萬勞力（也說十萬），耗費約四千萬盧比（相當於四百萬英磅），歷時了整整二十二年才竣工。

泰姬瑪哈陵全長五百八十三公尺，寬三百零四公尺，四周皆為紅砂石牆，整座陵墓占地十七萬平方公尺。陵寢居中，東西兩側各建有式樣相同的紅砂石建築：一個是清真寺，一個是答辯廳，呈均衡對稱，左右呼應。

陵寢的四方各建有一座高達四十公尺的尖塔，裡面建有五十級的階梯。這座塔據稱是專供穆斯林阿訇（「訇」，音ㄏㄨㄥ，古波斯語詞彙，意為「老師」或「學者」）拾級而上，登高朗誦《可蘭經》，高呼阿拉，祈禱朝拜之用。

從大門到陵寢，還有一條用紅石築成的甬道，兩旁則是人行道，中間有水池和噴泉。池水倒影，奇花異草、灌木濃蔭，相互映輝，甬道末端便是陵墓所在之地。整座陵墓建在一座高七公尺、長九十五公尺的白色大理石基上，陵高七十四公尺，上為一個高聳重疊的穹頂，以蒼天為背景，輪廓優美；下為八角形的陵壁，四面各有一扇高達三十三公尺的巨大拱門，門框上用黑色大理石鑲有《可蘭經》經文，其中有一句為「邀請心地純潔者，進入天堂的花園」。

陵寢的內部還有一扇精美的門扉窗櫺，傳說這是出自中國工匠的雕刻。在中央宮室裡，還設有一道雕花的大理石圍欄，內置放著沙賈汗和泰姬瑪哈陵的兩座大理石棺槨。不過，其真棺卻是被安放於底下的一間地下室內，棺槨上以翡翠、瑪瑙、水晶、珊瑚、孔雀石等一百二十餘種五顏六色的寶石，鑲嵌出精緻的茉莉花圖案，工藝精細、色彩華麗，可謂巧奪天工。

由於整座陵墓都是由大理石砌成，因此一日之內會隨晨曦、正午和晚霞三時陽光的強弱不同，照射在陵墓上的光線和色彩就會變幻莫測，呈現不同的奇景；每到月圓之夜，景色更為迷人。正如沙賈汗所說的那樣：「如果人世間有樂園，那就是泰姬瑪哈陵。」

總之，泰姬瑪哈陵的構思和布局，堪稱是一個完美無比的整體，充分體現了伊斯蘭建築藝術的莊嚴肅穆、氣勢宏偉，富於哲理。

那麼這一宏偉壯觀傑作的設計和建造者又會是誰呢？

○尋找泰姬瑪哈陵的設計者和建造者

目前，有關泰姬瑪哈陵的設計者和藝術風格流派問題，大致有三種說法。

第一種說法是「波斯伊斯蘭說」。數十年來，《大英百科全書》的作者一直認為，泰姬瑪哈陵的建造者就是沙賈汗皇帝，而主要設計者則是波斯人（也有說土耳其人）烏斯塔德，並由他總攬其事，沒有印度人參與構思。

第二種說法是「歐亞文化結合說」，這種說法的代表人物是英國舊牛津學派的印度史學家史密斯。他認為泰姬瑪哈陵是「歐洲和亞洲天才結合的產物」，之所以這樣說，是因為當時歐洲文藝復興時代的一些建築大師，如義大利人傑羅尼莫·韋雷諾（Geronimo Vereneo）、法國建築師「波爾多的奧斯丁」（Austin of Bordeaux）等，都參加了泰姬瑪哈陵的設計。

不過，這種說法遭到了印度穆斯林史學家駁斥。在一九〇四年一本名為《泰姬的歷史》的書中，完全否認了這座具有典型伊斯蘭藝術的建築物，出自文藝復興大師的構思。

第三種說法就是「主體藝術印度說」。持這種說法的學者中，有已故的印度著名史學家馬宗達（R.C.Majumdar）認為，在探討這一功勞歸於誰時，不應該忘卻了印度自身的因素。首先，泰姬瑪哈陵的平面圖和主要特點不完全新，它與蘇爾王朝舍爾沙（Sher Shah Suri）的陵墓和蒙兀兒胡馬雍（Humayun）的陵墓，在建築風格上有師承關係；其次，就其建築材料——純白大理石及上面的寶石鑲嵌工藝水準來說，在西印度的拉傑普特藝術（Rajput）中早已存在，因此不能把泰姬瑪哈陵的設計和建造，完全歸功於波斯的影響和支持；此外，考慮到蒙兀兒時代已對西方開放，東西方文化交流日趨擴大，西方藝術對印度建築風格帶來影響，也符合歷史邏輯。

可見，關於泰姬瑪哈陵的設計者和建造者可謂各抒己見，莫衷一是。一九六八年，歐克出版了一本叫《泰姬瑪哈是一座印度教神廟聖殿》的書，又引起人們的關注。據此，一些學者又開始搜尋論據，試圖論證其中說法是否有理。

一九六八年，一本小冊子《泰姬瑪哈？》，以一問一答的對話方式，對泰姬瑪哈陵是否為沙賈汗下詔建造一事提出異議，並提出新的解釋。

書中的異議之一，是一些史書記載的建造泰姬瑪哈陵「動用兩萬勞力，歷時二十二年」的說法，是源於法國珠寶商人塔韋尼耶（Jean-Baptiste Tavernier）之口。這個人曾在十七世紀訪問印度五次。但他本人並沒有看到泰姬瑪哈陵破土動工，也不曾目睹它大功告成，何況他也不會講波斯語和印地語，那麼他的說法就難以讓人信服。

異議之二是，與塔韋尼耶同時代的一些歐洲旅行家，在他們的遊記和報告中也都不曾提及此陵。

異議之三是，英國的一些考古挖掘報告書中，也沒有專門考證泰姬瑪哈陵的記載；甚至連十九世紀末印度的考古總監，都沒有訪問過泰姬瑪哈陵。

異議之四是，考慮到亞穆納河水的漲落，早在建陵前就已有人修築河堤與城牆，但它們決非沙賈汗所建。

異議之五是，根據波斯文編年史《帝王本紀》的記載，和穆斯林史學家拉蒂夫（Latif）撰寫的《歷史上和記述中的阿格拉（Agra, Historical & Descriptive）》一書的說法，「選擇陵墓的遺址，原是曼辛格王公（Man Singh）的一座聖殿，但現今已歸屬其孫子賈因．辛格的財產了。」

綜上所述，戈德博爾得出的結論是：泰姬瑪哈陵並不是沙賈汗所建造，他只是在印度教王公的聖殿基地上，拆除和搬遷了一些不符合他需要的東西，並進行改建。

不過，這種說法雖然很新奇，但仍然沒有確切的證據能證實，因此人們至今也都難以接受和信服。

相關連結——泰姬瑪哈陵的誕生

據稱，屹立在印度亞格拉近郊亞穆納河畔的泰姬瑪哈陵，是蒙兀兒帝國第五代皇帝沙賈汗（一五九二～一六六八）為緬懷其寵妻姬蔓．芭奴（Mumtaz Mahal），而建造的一座陵園，其名意為「宮中首選」或「宮廷之光」。

相傳，年輕貌美的泰姬，十九歲就為蒙兀兒皇帝生兒育女，共生了十四個。西元一六三一年，在生最後一胎時，不幸因難產而離世。沙賈汗驚悉，悲痛已極，在病榻前他曾答應皇后兩項遺願：一是不再續娶，二是為她建造一座陵墓。

此後，世人一直把泰姬瑪哈陵視為沙賈汗對愛情忠貞不渝的象徵，也把它看成是印度蒙兀兒伊斯蘭文化中的瑰寶。

非洲石頭城之建造者

每當鮮花怒放、景色宜人的金色十月來臨時，無數踏上非洲土地旅遊觀光的遊客就會絡繹不絕，湧向久負盛名的大辛巴威遺址（Great Zimbabwe），憑弔這座飽經人間滄桑的非洲大陸古文明遺跡，抒幽古之情。

大辛巴威遺址，地處辛巴威首都哈拉雷以南三百公里處。辛巴威在土著班圖語中意為「石頭房子」或「可尊敬的石屋」，早在歐洲殖民主義者入侵前，非洲人就建立了自己的國家。十九世紀後期，這裡淪為英國殖民地後取名為南羅德西亞。一九八〇年，獨立後辛巴威人民，以祖先創造的燦爛石頭城，命名自己的祖國——辛巴威共和國。

○ 被意外發現的石頭屋

石頭屋遺址最早是被葡萄牙人發現。一八六八年的一天，一名葡萄牙獵人亞當·倫德斯在搜集獵物時，經過一片蔥蘢茂密的原始林海，發現了一座用花崗石疊砌而成的古堡。這一發現使亞當驚喜萬分，此後不少科學家先後來到這裡參觀考察。

一八七一年，到這裡探險的德國地理學家卡爾·莫赫，率先將辛巴威石頭城這個奇蹟公諸於世，他說：「那是一大片聚在一起的石造建築物，全沒有屋頂，都用灰色的花崗岩石塊以精巧的技術建成，有些石塊還經雕琢。山上那些高大的石牆，分明是歐洲式的建築。」

莫赫還進入城內考察，並認為有證據顯示，石頭城的最初建造者生活都很富裕，而且勢力強大。但對於他們究竟是什麼人、在什麼年代及為什麼要建造這麼龐大的石頭城等諸多疑問，莫赫卻沒有找到任何線索。不過他還是認為，石頭城的建造者不可能是非洲人，更不是當地人的祖先所為。

莫赫的這種說法也許不足為據，但他在一八七六年提出的有關辛巴威的報告，還是引起了世界各地不少學者和探險者的關注，他們也開始相繼前往大辛巴威考察。

○ 石頭城的建築特點

整個遺址由內城、衛城、谷地殘垣三部分組成，所有的建築物均用長約三十公分、厚十公分的花崗石砌成，面積達一萬多畝。其中以內城顯得最雄偉壯觀，而且保存得也最完整。

內城形狀類似橢圓形，在東北部、南部和北部三面分別有一個進出口，城牆高約六公尺，東面城高達九公尺，城牆底部寬約五公尺，頂部約兩公尺。在城牆內遺留著歷史更為久遠的矮牆，與其他幾道斷壁殘牆連接，從而將城內分割成幾個大小不等的圍場，使整個內城縱橫交叉，人們在裡面行走，如同進入了迷宮一般神祕莫測。

在大圍場的東面，還坐落一座實心的圓錐形石塔，塔高十一公尺，底部直徑六公尺，頂部直徑約兩公尺。離石塔不遠處，還建有一個祭塔台。這是一座低矮的土台，據說在原始社會時期，這裡是舉行生殖器崇拜的場所。

衛城建在距離內城不遠的一個小石山山頂上，周長兩百四十四公尺。衛城是順著山勢的自然走向建造，石匠憑藉熟練的技巧，以花崗岩砌成的石塊，建了一座天衣無縫的宏偉建築物，其中有一段城牆還築在大自然造就的岩石山嘴上，壯觀至極，令人讚歎。

整個衛城如同一座要塞，通往城牆的走道都僅能供一人行走，很利於防守。站在衛城頂上，真的有一種「一覽眾山小」的感覺，將整個大辛巴威遺址都盡收眼底。

衛城內還建有一個古代皇宮舉行祭祀的場所，一些考古人員在此發現了不少文物，其中有近東的陶瓷、阿拉伯的玻璃、中國的青瓷殘片，在一塊圓形青瓷片上還用青釉刻了「大明成化年製」六個字，據推測，這很可能是明朝鄭和下西洋時帶到非洲的中國瓷器。

谷地的殘垣地處內城和衛城之間，遺址上零星散落著一些矮小的石屋。從建築規模和技術及從當地挖掘出的實物分析，這裡原先很可能是平民百姓的住宅區，人們在這裡也發現了不少中國青瓷和阿拉伯、波斯的器皿。

在這些古建築群旁，還保留著古代的水渠、水井等，遺址的地基上還找到了古代鑄造錢幣的泥模。從已挖掘到的文物來看，大辛巴威遺址曾是一座非常繁榮的城市，農業、冶煉業、對外貿易等都非常發達，而且曾一度與中國、阿拉伯、波斯等許多國家有經濟和文化方面的來往。而且這裡的居民還通曉建築學、力學、數學等多種知識，掌握了不少生產技能。

○ 什麼人建造了石頭城？

辛巴威遺址究竟是什麼人建造？

有人認為，它是由西元前，來自地中海的腓尼基人所建造；也有人認為，石頭城應該是阿拉伯人建造；但更多的人則認為，這裡應是非洲人所建造。

根據歷史記載，最後在辛巴威這個頹敗城市居住的民族，大約在一八三〇年祖盧戰爭期間，早已被全部趕走了。如今，這裡生活的是馬紹納蘭族人的一個分支——卡蘭加人，但他們至今還住在低矮簡陋的窩棚中，生活似乎與這些建築毫無關係。而這一古蹟的真正建造者，至今也無人知曉到底是誰。

相關連結——辛巴威鳥

在大辛巴威遺址中最珍貴的文物，應該算是裝飾大圍圈頂部的「辛巴威鳥」了。該鳥由淡綠色的皂石雕成，鳥身如鷹，頭似鴿子，脖子高仰，翅膀緊貼身子。整個鳥身長約五十公分，雄踞在一公尺高的石柱頂端。

這種石雕鳥是辛巴威一個部族世世代代崇拜的圖騰，甚至信奉至今，其工藝精細，造型雄健，藝術價值連城。據說在大辛巴威遺址中，曾有人先後發現了八隻這樣的「辛巴威鳥」，現在它已被作為辛巴威的象徵，印在辛巴威的國旗和硬幣上了。

古老神祕的吳哥古城

在柬埔寨暹粒省境內，洞里薩湖之北，金邊西北約兩百四十公里處的熱帶叢林中，有著一座馳名世界的文化古城——吳哥。從遠處眺望，五座蓮花蓓蕾似的寶塔，突出在林海上空，蔚為壯觀；到近處細看，大大小小六百餘座塔寺樓閣崢嶸，令人歎為觀止。但是這顆遐邇聞名、璀璨奪目的明珠卻湮沒在修藤巨樹間，默默無聞達四百年之久。

○ 探祕吳哥古城

柬埔寨是一個歷史悠久的文明古國。拂去歷史塵埃，我們知道柬埔寨國家的名稱，很早就出現在中國的史書上。西元一世紀～六世紀的柬埔寨稱為扶南，七世紀～十六世紀的柬埔寨稱為真臘，明朝萬曆年間才稱柬埔寨。

西元一二九六年八月，中國元朝使者周達觀在真臘廣泛遊歷一年，回國後寫下了舉世聞名的《真臘風土記》，是同時代人所寫關於吳哥王朝極盛時代的唯一重要史料。對《荷馬史詩》的入迷，曾使德國的施里曼最終挖掘出特洛伊古城；而對《真臘風土記》真實性的堅信不疑，促使十九世紀的西方各國考古學家，競相來到柬埔寨探險，從而打開了吳哥古蹟藝術宮殿的大門。

一八六一年，法國的博物學家亨利．穆奧（Henri Mouhot）來到了柬埔寨。進入森林的第五天，他和四名柬埔寨隨從人員，突然發現在不遠的森林裡顯露出五座高大的石塔，在藍天白雲的映襯下格外清晰美麗，中間的那座最高的塔尖，在夕陽的照耀下金光閃閃。穆奧簡直懷疑起自己的眼睛：「是在做夢吧，是天熱頭昏引起的幻境吧？」而在仔細欣賞了沿途每一座建築後，穆奧欣喜若狂了，是他在柬埔寨的熱帶森林裡，發現了比巴黎聖母院還大的寺院。從此，這個被茫茫林海淹沒而沉睡四百多年的古都再次重現於世。

吳哥古蹟是柬埔寨的象徵，人類文化寶庫的瑰寶，它同埃及的金字塔、中國的長城、印尼的婆羅浮屠並列，被譽為東方四大奇觀。

吳哥，梵語意為城。它是西元九世紀～十五世紀時吳哥王朝的都城，其古蹟主要是由西元五世紀～十三世紀創建的一組石造建築群和精美的石刻浮雕組成，分為大吳哥和小吳哥。大吳哥又稱吳哥通，「通」意為城；小吳哥又稱吳哥窟，意為「首都的寺院」。吳哥古蹟總共有大小各式建築物六百餘座，散布在約四十五平方公里的森林裡。

著名的吳哥窟建於十二世紀前半葉，吳哥王朝全盛時期。信奉婆羅門教的高棉國王蘇利耶跋摩二世（Suryavarman II）為了祭祀毗濕奴，同時也為了炫耀自己的功績，以及為他死後所建的陵墓，建造了這座神廟。

吳哥窟的整個結構呈正方形，最外層是壕溝，中間是圍牆，裡面是三道迴廊，層層相套，渾然一體。中心建築是毗濕奴神殿，分為三層台基。中央佛塔位於最上層，離地六十五公尺，其餘四座較小的位於第二層的四角。神殿各層皆環以圓柱迴廊，壁上布滿精美的浮雕和壁畫。整個建築象徵佛教傳說中的宇宙中心須彌山，由於都是用巨石疊砌而成，顯得格外整齊肅穆，和諧莊嚴，寺內還有圖書館一座，和供飲用的蓄水池一處。

吳哥通位於吳哥窟的北部，是闍耶跋摩七世（Jayavarman VII）統治時期建造的新都，吳哥通規模宏偉壯觀，占地九公頃，城牆周長十二公里，牆高七公尺，厚六公尺，周圍環以相當寬的護城河，可謂「固若金湯」。全城五道城門，四道通向市中心的巴揚廟，一道通往皇宮。

五道城門上方都建有巨大的石塔，塔的四面雕有佛的頭像，高達兩公尺多，據說是闍耶跋摩七世的臉型，慈祥含笑，意在表明迎接從四面八方來的神聖者，又象徵王威。城內有各式精美的寶塔寺院和廟宇。吳哥通的中心是巴揚廟，它是王城的主體建築，高達四十五公尺，它和周圍的十六座中塔和幾十座小塔，構成一組完美整齊的階梯式塔型建築群。據說，十六座寶塔象徵當時高棉的十六個省。被稱為吳哥古蹟明珠的女王宮，以它精美絕倫的石雕著稱於世。這些雕像刻工精細，線條流暢，富有強烈的立體感，堪稱石雕藝術的珍品。

○眾多的疑點

重現於世的吳哥古蹟，以其獨特和永久的魅力，使人驚歎，又使人們產生了無窮遐想和許多疑點。由於有關柬埔寨中古時代的史料極其缺乏，這一切就成了千古難解之謎。

疑點之一：吳哥古蹟為何人所建？

由於吳哥建築雄偉壯觀，美輪美奐，它的每一塊石頭都精雕細琢，遍布浮雕壁畫，其技巧之精湛嫻熟，想像力之豐富驚人，達到了使人難以置信的地步，以致人們流傳吳哥古蹟不是出自凡人之手，而是天神的創造。如果仔細觀察吳哥建築的一些巨大石塊，會發現石塊的四角各有一個小孔，於是人們又流傳，這是「會走路石頭的四隻腳，所留下的痕跡。」

據考證，這是特為搬運巨石時穿繩子而鑿的孔。這些石料都是從八十公里以外的山上採運來，有些石塊重達數噸。可以想像，在當時的歷史條件下，建造如此宏大而艱巨的工程，千百萬工匠要付出多大的代價啊！在疊砌這些建築時，沒有用任何黏合劑，全靠石塊本身的重量和形狀緊密相扣。直到今天，吳哥古蹟的大部分建築雖歷經滄桑，仍巋然不動。吳哥古蹟充分體現了柬埔寨人民高度的藝術才能和無窮智慧。

疑點之二：從吳哥城的規模可以估計出，這座古城最繁榮的時候，至少有近百萬居民。可是為什麼這樣一個有宏偉的王宮和莊嚴的廟宇，有圖書館和蓄水池，有強大的軍隊和政權，繁榮昌盛的都城，竟然會被叢林的莽草所淹沒了呢？它的居民為什麼都不見了呢？

有人猜測，是不是因為流行瘟疫或霍亂之類的疾病，使近百萬居民在不到一個月的時間裡全部死去？也有人猜測，可能是發生內戰，市民互相殘殺，結果都死亡，只留下這孤零零的建築群聳立在這裡。可是，如果說近百萬居民同時死去，這裡應當留下很多的骷髏和屍骨才對；還有人猜測，說不定是外來的敵人攻占這座城市後，將城裡的所有居民趕到某一地方當奴隸。

高棉人到底因為什麼銷聲匿跡了呢？一位研究柬埔寨古代歷史的外國學者是這樣推論：在高棉人在與鄰國暹羅人的戰爭中，吳哥王朝的力量衰竭了。但是，這並不是亡國的根本原因，亡國是由於奴隸不斷反抗所造成。數萬、數十萬的高棉奴隸，為了滿足國王的奢侈，忍饑挨餓，在採石場或在建築城牆的工地上，像牛馬一樣勞動，每天都有大批奴隸死亡。有一天，奴隸中間出現一名造反的領袖，率領奴隸起義。他們殺死了奴隸主和親信，把房子也燒了，將所有的貴族和他們的子女都殺死，最後只剩下奴隸。後來奴隸拋棄了這座城市，遷移到別的地方。

疑點之三：放棄吳哥，在柬埔寨歷史上是一個具有重要轉折意義的事件，它標誌著強大吳哥王朝的瓦解。但其原因是否如上述那位外國學者所假設？還有沒有其他因素？

中國一些學者認為，放棄吳哥跟暹羅人的不斷入侵有關，這是高棉人最終決定撤離吳哥的一個決定性的因素。從十三世紀開始，當吳哥王朝逐漸衰弱時，兩邊的暹羅人的勢力迅速壯大。十四世紀下半葉起，暹羅人多次入侵柬埔寨，並攻陷都城吳哥，後又被高棉人光復，但兩國間的戰爭並沒有就此結束。

暹羅人的每一次入侵，都使高棉人蒙受慘重的災難和巨大的損失，而且吳哥作為首都離邊界太近，易受暹羅人攻擊。日益衰竭的國力，使高棉人難以應付暹羅人的挑戰，還是迴避為好。此種解釋為許多人所贊同和採納，但沃爾特斯博士持有其他看法。他認為，放棄吳哥固然同暹羅人有關，但吳哥王朝的衰弱和抵抗力喪失，並非完全是暹羅人所致，而是高棉王族之間紛爭嚴重發展的後果。暹羅人趁高棉內戰，干涉高棉人內部事務，擴大高棉內部爭鬥，於是造成了惡性循環，導致吳哥王朝放棄古都。

十五世紀上半葉，吳哥王朝被迫遷都金邊，長達六個世紀之久的吳哥王朝結束了，曾經繁華富庶的吳哥城雜草灌木叢生，逐漸繁衍成茂密的熱帶森林，而整個湮沒了吳哥。

相關連結——吳哥古蹟「女王宮」

被譽為「吳哥古蹟的明珠」的女王宮，位於吳哥城東北約二十五公里處，原名為「濕婆宮」，建成於吳哥王朝闍耶跋摩五世元年（西元九六八年）。

女王宮坐西朝東，長約兩百公尺，寬約一百公尺，中心為三座並列的塔形神祠和左右對稱的配殿。在一個一公尺多的台基上，建有朱紅色的塔祠，居中的一座最高，約十公尺。正中的神祠供奉濕婆神，南面的神祠則供梵天神，北面神祠供毗濕奴神。在每座塔祠的東、南、北，各建有一門，門高僅一百二十公分，禮拜者入內都要彎腰屈膝才能進去。

在每個門的門前，都有一對守護神的石雕，兩側牆上則有手持長矛的武士及仙女的浮雕。在塔祠周邊，還有三道圍塔，內外圍牆之間有拱門、鏤花石柱和石碑等。整個塔祠群可謂巍峨壯觀，建築別致奇巧，雕刻更可謂是細膩優美。每座塔祠上面，還都刻有各種各樣的神鬼羅刹雕像，塔基及其兩側的神龕和門樓上也是千姿百態的浮雕，內容大多都是記載古代高棉人民的生活情景，和抵禦外族侵略的戰鬥場面。

可惜的是，西元一四三一年，吳哥城被暹羅攻陷，女王宮也遭到破壞。

馬雅人北遷之謎

西元八三〇年，科潘城（Copan）浩大的工程突然停工；西元八三五年，帕倫克（Palenque）的金字塔神廟也突然停止施工；西元八八九年，提卡爾（Tikal）正在建設的寺廟群工程突然中斷；西元九〇九年，馬雅人最後一個城堡的工程也終止。這時，散居在四面八方的馬雅人好像突然接到某種指令一般，拋棄了世代奮鬥追求、辛勤營造的建築，離開了肥沃的耕地，北遷到了荒蕪的深山。

我們現在看到的馬雅人歷史文化遺址，就是在西元八世紀至九世紀間，馬雅人拋棄的故居。馬雅人拋棄了自己建造起來的繁榮城市，轉向荒涼的深山老林，這種做法是出於自願，還是另有原因？

○ 馬雅遺址的發現

一八九三年，美國人約翰．洛伊德．史蒂芬（John Lloyd Stephens）和畫家凱瑟伍德（Frederick Catherwood），正是為了尋找傳說中的城堡，在洪都拉斯的熱帶叢林中發現了馬雅人的科潘城市遺跡。他們將這個被埋沒了一千年的城市文明公諸於世之後，引起了廣大學者和人們的極大興趣，人們紛至遝來。

馬雅文明的發現不斷擴大，研究不斷進展。到目前為止，學者認為馬雅文明是古代美洲文明出類拔萃的代表，具有「美洲的希臘人」之稱，馬雅文明成為印第安人文化的搖籃。

約在西元前一千年，馬雅人已經在墨西哥南部的猶加敦半島、瓜地馬拉、洪都拉斯等地定居，西元前後建立城邦；到了西元八世紀時，已經建有城市一百多座，其中以帕冷克、科潘和提卡爾等城市最為著名。

○ 馬雅人創造的先進文明

西元前後，馬雅人創造了象形文字，由許多圖形和符號組成。符號共有八百多種，語言豐富，共有三萬種詞彙，與古埃及、中國和巴比倫的象形文字體系大體上一致。這些文字一般是刻在石柱（馬雅人的一些城市每二十年便立一石柱，把民族重大事件刻在柱上）、祭台、金字塔、陶器，或用毛髮筆寫在樹皮及鹿皮紙上。但由於西班牙殖民者占領馬雅人居住地後，大肆破壞，只有四本馬雅文字手稿留存。

馬雅人在天文和數學上有卓著成就，在對月亮長期觀察的基礎上，他們創造了十分準確的太陽曆。一月為二十天，一年為十八個月，外加五天作為禁忌日，共計三百六十五天。金星歷年就是該行星環繞太陽一周所需要的時間，馬雅人計算出金星歷年為五百八十四天，而今天的計算則為五百八十三點九二天，偏差率為每月六分鐘，比同時期的中國和歐洲的計時更為準確。

在生活和生產實踐中，馬雅人根據腳和手的二十根指頭，創造了二十進位，還發現和使用了「0」的符號，這比歐洲人將「0」用在數學計算上早了八百年之久。

馬雅人卓越的建築、雕刻和繪畫藝術令人歎為奇蹟。在宏偉壯麗的宮殿中，許多占地面積與歐洲最大的宮殿不相上下。在瓜地馬拉的提卡爾城內，有的金字塔高達七十公尺，遠處看去顯得格外挺拔，就像一位魁梧無比的將軍，注視、捍衛著自己國家的神聖領土。馬雅人建造的金字塔堪與埃及金字塔媲美。馬雅人的每一建築物，都刻有精美圖案的巨大石雕裝飾，華麗多彩，建築物的正面的裝飾常常是一些蛇形的臉。更有趣的是，法國人類學者克勞德·李維史陀（Claude Lévi-Strauss）研究認為，這些裝飾中國在四千年前已經有了。中國商朝銅器中祭皿上的饕餮紋，和馬雅人蛇形神的面具十分相似，有些簡直一樣。這是巧合，還是中國人和馬雅人原來便是一家人？

被稱為世界珍貴壁畫之一的卡拉克穆爾壁畫（Calakmul），是馬雅人在墨西哥留下的彩色壁畫，所用的色彩是由從植物中提取礦物質中的顏色配製而成。畫出了古代戰爭場面，畫中人物千姿百態，栩栩如生，真實描繪出當時社會生活的情景。考古藝術家認為，馬雅藝術兼有埃及、中國和印度的藝術風格特色。

○ 馬雅人去哪裡了？

然而，科潘城的石柱雕刻，在西元八三年○之後突然停止了，巴倫克在八三五年，提卡爾在八八九年，馬雅人集體向北遷移。

為什麼馬雅人在九世紀末、十世紀初放棄了繁榮的城市文明呢？憑弔馬雅城市廢墟的人們讚歎惋惜，卻又陷入迷惑不解之中。而更多的學者則是查找、研究著各種各樣的相關材料，企圖揭開謎底。種種猜測莫衷一是，如：外族入侵被迫遷移說；瘟疫流行、地震破壞和氣候驟變被迫遷移說；不科學的耕種方法使地力耗盡，而不得不遷移說；被壓迫階級反對特權階級，而暴動引起遷移說，不勝枚舉。

儘管學者不斷地提出新的解釋，但至今仍然無法提供令人信服的根據。

以被壓迫階級反對特權階級而暴動，引起遷移之說為例。其根據是在古典時期（約西元三～十世紀），城市中的一些建設工程突然停下，未能竣工。而統治者的寶座被打碎，祭司的雕像被擊毀，所有這些都像是一場反對祭司貴族統治的風暴留下的痕跡；然而，外族入侵同樣也可以產生這種後果。況且，這種情況只發生在個別城市，而古典時期的馬雅文明的毀滅和北遷則是全面性。

再以不科學的耕種方法使地力耗盡，而不得不遷移之說為例，更是隨著研究發展而失去說服力。學者考察發現，馬雅人在農業上早就採取輪作，出現了集約農業，既有利於保護地力，又提高了產量，提高了勞動生產率。在古典時期，一個馬雅農民兩個月的生產，便可以提供一家人一年的食物，以及賦稅和貢物等。

總之，人們至今仍未破解馬雅人九世紀末、十世紀初向北遷移之謎。大地沉默著，森林和廢墟沉默著，浮雕裡和古老繪畫中的人物似乎有巨大的耐性，默默等待著人們找到這把鑰匙。

延伸閱讀——馬雅人的預言

根據馬雅預言上表示，現在我們所生存的地球，已經是在所謂的第五太陽紀。到目前為止，地球已經過了四個太陽紀，而在每一紀結束時，都會上演一齣驚心動魄的毀滅劇情。

第一個太陽紀是馬特拉克堤利（Matlactil，根達亞文明），最後被一場洪水所滅，有一說法是諾亞的洪水。

第二個太陽紀是伊厄科特爾（Ehecatl，美索不達米亞），被風神吹的四散零落。

第三個太陽紀是奎雅維洛（Tleyquiyahuillo，穆里亞文明），則是因天降火與而步向毀滅之路，乃為古代核子戰爭。

第四個太陽紀是宗德里里克（Tzontlilic，亞特蘭提斯文明），也是火雨的肆虐下引發大地覆滅亡。

馬雅預言也說，從第一到第四個太陽紀末期，地球皆陷入空前大混亂中，而且會在一連串慘不忍睹的悲劇下落幕。地球在滅亡之前，一定會先發出警告。

馬雅預言的最後一章，大多是年代的紀錄，而且這些年代的紀錄如同串通好，全部都在「第五太陽紀」時宣告終結，因此，馬雅預言地球將在第五太陽紀，迎向完全滅亡的結局。當第五太陽紀結束時，必定會發生太陽消失，地球開始搖晃的大劇變。根據預言所說，太陽紀只有五個迴圈，一旦太陽經歷過五次死亡，地球就要毀滅。而歷經馬雅大週期五千一百二十五年後，迎向最終。而已現今西曆對照這個終結日子，就在西元二〇一二年十二月二十二日前後，但過了當天仍未有末日。

遠古巴西的「七城」之謎

在巴西這片神奇的土地上，這裡的考古挖掘多是外行人的偶然發現。一九二八年，奧地利哲學家和歷史學家路德維希·施威恩哈根在著書《遠古巴西史》中描述了「七城」，這個「七城」成為新的考古熱點，充滿了神祕色彩。

○ 神祕的「七城」

從緯度看，巴西「七城」基本處於赤道上，這個位於特雷辛納的北邊，具體位置在巴西小城皮里皮里和里奧隆格間的小城，只有三百多公里的距離就可到達海邊。第一次見到「七城」的人，都會看到這裡好似《聖經》中所描述的罪惡之地，在《聖經》中，神靈用烈火和硫磺降罪於罪惡之地。「七城」整個是亂七八糟的面貌，不見石頭殘留物，也不見刻有條紋的獨石柱。這裡的一切都被大火毀滅，連石頭都被燒焦。儘管這樣，「七城」中並沒有出土過人的屍骸。

○ 「七城」裡的難解之謎

從考古學家所製「七城」復原圖中可以看到，「七城」的界線恰好是半徑十公里的圓圈，是一個非常精確的正圓。「七城」布局為七個區，籬笆、地下槽罐、大牆、碉堡、街道、神廟，這些遺跡都可以在這七個區中見到。

「七城」有很多獨特之處，所以才愈顯神祕。首先，「七城」有帶有特殊魅力的「龜甲」狀地貌。但是，人們卻難以解釋這種地貌的產生原因；其次，岩石層中顯露出很多金屬塊，呈碎骨狀，並且牆上還一直滴著長點滴狀的鏽跡，這諸多的現象的原因是什麼呢？迄今沒有人能夠提出為大家認可的說法。

實際上，考古學家和科學家最難以理解的問題是：這些壁畫的作者是誰？這些壁畫有什麼特殊的含義？人們發現壁畫上有圓圈中的圓圈，圓圈中的四角、十字和星辰的變體、帶輪輻的輪子、太陽等物，那麼這些話的具體含義是什麼呢？比如其中有一幅畫，四個如同五線譜音符的球體，懸在一條直線下擺動。這幅畫必定有特殊的含義，因為當時的人們根本不懂得記譜符號。

另外還有一個古印度浮雕，在中線之上有兩個「百線譜」，中線之下有九個。相關人員對上面的梵文做了鑑定，認為上面畫的是飛行器。在眾多的壁畫中，有一面牆畫有兩個太空人，他們戴著圓形的頭盔，這幅畫給人們留下的印象最深刻。幻想家認為，他們上方的那個東西是飛碟，在兩人之間，一道螺旋線環繞著，還立有一個人……人們看過這些壁畫，會產生一些疑問，「七城」的居民曾經與外星人打交道嗎？如果真見過太空人，這些太空人來自哪裡？他們到這裡來的原因是什麼呢？興盛一時的「七城」，經歷了怎樣的變故才在頃刻間變為廢墟？

所有的這些，都等待著科學家和考古學家繼續探索和研究。

點擊謎團——巴西的神祕部落

衣服是人類進入文明階段後的必需品，但在亞馬遜雨林中，曾經存在過一個印第安部落，男子從來不穿衣服，而這個部落與西方文明從未聯繫，不得不令人們感到驚訝。

有報導稱，這個長期與外界隔絕的印第安部落，位於亞馬遜雨林的偏遠地區，他們屬於卡雅普部落的一個分支，共有八十七名成員。當局發現他們也是出於偶然，其中的兩名成員不知怎樣，到達了其他部落的村莊。這個部落維持著最古老最、原始的生活方式，絲毫不與外界相關。

在這個印第安部落裡，女子的髮型非常獨特，男子的下嘴唇戴有飾物，呈圓盤狀，他們從不穿衣服，只是拿一小塊布遮擋下體。人們過著最原始的生活，同食一鍋飯，共耕一塊田。大家日出而作、日落而息，照明的設備只有油燈。至於其他的情況，則需要進一步探索研究。

土耳其地下樂園之謎

葛勒梅山谷（Göreme）看上去很像月球的表面，它位於土耳其的卡帕多奇亞。在這裡，有許多奇形怪狀的石堡，它們皆來自於火山的熔岩，經歷過長時間的風化，都矗立在火山的沉積物上。

葛勒梅山谷的居民開鑿空石堡做居室，早在西元八世紀和九世紀，人們就可以砌起教堂，供奉聖像。然而卡帕多奇亞真正的大發現，要屬一座地下城市，這座地下城市可容納千上萬人，其中最著名的是代林庫尤村（Derinkuyu）地下城市。

○ 代林庫尤村的地下城市

代林庫尤村位於卡帕多奇亞高原，一九六三年，傳出一條令人震驚的消息：有農民在院子下發現了一個洞口。村名幫助他進入了洞口，穿過了八層，最終到達了一個地下城鎮。裡面有眾多隧道，數不清的廚房、住宅，專作墓地的洞室、作坊、水井等一應俱全。最為巧妙地是，在地面隱蔽處，有五十二條通風管，並且設有逃生用的地道。

據考古研究，地道和房間充滿整個地底，這裡是一個多層次的立體建築，僅最上層就有四平方公里，五層空間可以容納一萬人。人們猜測，這裡有深八十五公尺的通風井，一萬五千條小型地道，曾藏過三十萬人。此外，這裡還有用於儲藏水源的蓄水池。

迄今為止，已經在這裡發現了三十六座地下城市。雖然不一定都像代林庫尤村的地下城市這麼大，卻也可以算作城市。研究人員已經繪出這些地下城市的俯瞰圖，人們認為，這裡應該還有很多未發現的地下城市。在已發現的城市中，有相互聯繫的地道，比如十公里長的地道，就連接了卡伊馬克徹（Kaymakli）和代林庫尤村。

即使人們感到不可思議，這些地下城市卻真實存在。那麼到底是誰建造了這些地下城市？建成的時間又是什麼時候？人們建造這些是用來做什麼？

○對神祕地下城市的推測

這些地下城市很令人費解，有人列出了很多史實考證。比如早期的基督教徒選擇此處避難，時間是西元二世紀或三世紀，基督徒被阿拉伯軍隊困逼的拜占庭時期。但他們只是來避過難，卻不是地下城市的建造者。他們之所以選擇這裡，是因為這些地下城市早已存在。那麼真正的建造者是誰？建造的具體時間是什麼時候？

從附近的火山環境來看，可以確定這一帶是凝灰岩構成的地基。如果有黑曜岩，很容易就能鑿空地基。鑿空地基大概只需要一代人的時間，這些地下城市大多都有十三層，人們在最低的一層，發現了一些器物，屬於閃米特時代。

○閃米特人

據研究，閃米特人在此地居住的時間，早於西元前一千年前。這支神權民族有著悠久的歷史，代林庫尤村三百公里以外是他們的首都哈圖沙（Hattusa），而巴比倫也一度被他們占據。

有人一直不理解，為什麼閃米特人要藏得這樣隱祕呢？也許最直接的原因，就是為了躲避來襲的敵人。那麼，讓他們如此恐懼的敵人又是誰呢？

首先，如果我們假設敵人率領著大批軍隊，那麼農耕的土地和空無一人的房屋都展現在敵人面前。但是地下城市中，會有炊煙冒出地面，敵人也能很容易看見。對付地下城中居住的人們非常容易，只要隔斷他們的食物源，或者堵住出口讓他們悶死。因此，閃米特人要躲避的敵人不只是地面上這麼簡單，很有可能還能夠飛行，不知道這樣的猜想是否合理？

閃米特人的聖書曾經記載，所羅門王將他們居住地破壞殆盡，他所利用的就是一架飛行器，並且乘坐這架飛行器前來的，還有他的兒子及所有崇拜他的人。處於幾近無知狀態的人類，很容易對飛行器產生恐懼；或者他們曾經有過慘痛的經歷，被剝削、被奴役，所以只要一響起警報，人們就會馬上逃往地下城市，這與當今的防空洞、地道之類的作用一樣。

此外，古代還留下了很多有關飛行器的傳說：「……於是國王和後宮家眷、王后嬪妃、宮廷權貴以及來自王國各地的首領乘上飛船。飛船飛入天空而後順風行駛，越過海洋直向亞特蘭提斯城飛去。那裡正舉行節日的慶典。飛船降落，國王下船參加慶典。短暫停留之後，國王的飛船在眾人驚愕不已的注視中重新騰空而去……」但這也僅是印度的一個傳說。

相關連結——閃米特人與宗教

閃米特民族影響了西方三大宗教——猶太教、基督教與伊斯蘭教。不止伊斯蘭文中的「阿拉」，舊約中的「耶和華」也都是閃語。伊斯蘭教的《古蘭經》與基督教的《舊約聖經》也都用閃族語系寫成。

基督教的情況很複雜，雖然閃族文化是它的本源，《舊約》也由閃族語系語言所寫，但是新約卻是用希臘文所寫。除此以外，希臘與拉丁文化同時影響了基督教義神學，所以也受到希臘哲學的影響。閃族人信奉「一神論」，相信只有一個上帝。所以，與之相關的西方三教也都信奉「一神論」。

閃族文化相信歷史是線性發展，歷史從神靈初創世界時起步，但是會有「最後審判日」，即歷史的終點，到時神會對所有在世的人和去世的人做出公正的審判。在他們眼中，上帝是最高的存在，他會干涉歷史，歷史是為了滿足上帝旨意的手段。當「最後審判日」到來時，上帝會摧毀所有邪惡，就像他曾經帶領亞伯拉罕到了「應許之地」。由於這個原因，閃族人異常重視歷史，他們蒐集了很多歷史紀錄，後來便成為《聖經》的核心。

《舊約聖經》一開始的文字就是「聽哪！以色列」，說明閃族人最重視聽覺。他們常以「耶和華（上帝）說」開始布道。與此相類，基督教中也重視「聽從」上帝的訓話，同時，這西方三教都保留了誦讀經文的傳統。

神祕的死海古卷

西元前一世紀時，死海西北的山洞中，就已經藏著《死海古卷》，而到了一九四七年，終於又重見天日。這些古卷被稱為「當代最重大的文獻發現」，在考古史上極具影響力。

○稀世珍寶意外出現

一九四七年某天，十五歲的貝都因族男孩為了尋找走失的山羊，找至死海西北角的沙漠區，偶然看見一個細狹的洞口在陡壁上。在好奇心驅使下，男孩撿起幾塊石頭丟進去，傳出的聲音好像打破了什麼東西一樣。男孩很高興，以為發現了寶藏，他很激動叫來好朋友，二人從洞口擠了進去。

兩個孩子進去後，看見了很多陶罐，都高一英尺。他們興奮不已，立即打開了蓋子，結果發現了一卷卷黑色的東西，散發著濃重黴味，且用麻布裹著；另外，在一層腐朽的牛皮下，還有十一幅薄羊皮條編成的卷軸。

卷軸打開後，兩個孩子發現上面寫著很多古希伯來文。於是，二人將這些卷軸拿到了耶路撒冷，販賣後得到一點錢。

然而兩個孩子並不知道，其實這就是稀世之珍死海古卷。耶路撒冷的希伯來大學收藏到六幅卷軸，敘利亞聖馬可修道院拿到了五幅。

○《死海古卷》的重要價值

經過聖馬可修道院的科學鑑定，美國東方研究學會認為，裡面含有《以賽亞書》的原始資料，而且很可能誕生於耶穌降生之前的時代，因為裡面的文字非常樸拙，而當時最古老的《舊約》只有一千三百年的歷史。

在審查了《以賽亞書》的照片後，美國約翰霍普金斯大學的史學家兼考古學家認為，這些應該是西元前一百年左右的卷軸，這可以說是當代最珍貴的手抄本。

一九五六年，考古學家和貝都因人再次在死海沿岸，發現了十個洞穴，找到了更多卷軸。芝加哥核子研究所用碳-14測定包裹卷軸的麻布碎片，判定這些是西元前一六七年~西元二三三年間的卷軸。從這些卷軸中我們能夠推知，曠野中曾有一座規模龐大的圖書館，發現的卷軸很可能只是圖書館中的一小部分。

○陸續被發現的珍品

在距發現卷軸的石洞六百公尺處，發現了一個名叫庫姆蘭（Khirbet Qumran）的道院遺跡。這裡曾經是一個小教派的設壇祭祀之地，裡面有一個書齋，擺放著一張長寫字台、一張長凳、兩個墨汁瓶和一個陶罐，這個陶罐與貝都因男孩發現的陶罐很像。經研究，專家認為，這是道院僧侶為防第十埃克斯里斯軍團（Legio X Equestris）的破壞而藏起來的陶罐，時間大約為是西元六十八年。

在發現的大多數檔案和碎片上，都有很多希伯來文字，有的還沒有郵票大；少部分聖經是希臘文字，除了《以斯帖記》以外，有《舊約聖經》等超過五百種書。還有一些文稿，記述著道院的生活與約法，以及對《舊約》的看法。

從這些文稿中可以看到，這個道院居住的是一個擁有四千人信徒的小教派，他們過著與猶太苦修教派相當的生活。羅馬史家老普林尼（Pliny the Elder）稱，死海西岸是這個道院的核心，他們曾在這裡設壇。

《聖經》研究學者從這些卷軸中，發現許多新資料，比如苦修教派的《紀律手冊》：令人驚奇的是，據這些資料記載，苦修教派的生活與早期的基督教的生活非常像。如果有意加入苦修教派，必須先放棄自己的一切財物和信仰，苦心修行，真正清心寡欲。洗禮是他們最重要的儀式，用這種方式清洗掉精神的污點，達到靈魂淨化，並且有吃聖餐的環節。在共同的公社生活中，所有成員由一個領導人帶領十二人的小組。

學者無法了解「正義之師」的真正身分，雖然卷軸中提及了這個人。不過，在措辭和倫理觀念方面，與《新約聖經》的很多與卷軸有相似之處，這引起了更多的注意。尤其是「基督之路」及「光明與黑暗」，這兩股衝突勢力極為相似。

有人認為，不只施洗者約翰是苦修教派教徒，甚至還包括耶穌本人。若果真如此，耶穌後來便從這個嚴守律法的教派中脫離，不再奉摩西律法為救世之道。

迄今為止，學者仍然忙於拼湊和研究這些卷軸，大概還要等待很多年後，死海古卷的全部祕密才能公諸於世。

相關連結——《以賽亞書》

《以賽亞書（Book of Isaiah）》是《死海古卷》中保存最完整的卷軸。此卷的完成時間在西元前七二三年左右，執筆人是以賽亞。記載了猶太國和耶路撒冷的背景資料，記述了猶太人犯下的罪行，以及耶和華的判決和拯救。有人認為，《以賽亞書》是《舊約聖經》的福音書，因為裡面記載了許多與福音有關的內容。

在《以賽亞書》的第一章到第三十九章中記載，人犯罪後受到神的責備，而神同時預言說，即將誕生一個比較公正的君王。君王在懲罰犯罪之人後，會饒恕虔誠的選民，神就能實現公正審判，也體現出《舊約》的特質。

而之後的四十章到六十六章，從基督的先鋒到神靈的僕人都有，並且，救贖計畫的關鍵點是基督受死，神靈指引著國家不斷發展，最後迎來新天地，成全就是神靈給予災難中選民的最好的禮物。神的審批及救贖，就是《以賽亞書》的關鍵主題。

官網

國家圖書館出版品預行編目資料

這個謎，無解：細思極恐的 57 則世界謎團 / 潘于真著. -- 第一版. -- 臺北市：崧燁文化，2020.08
面；公分
POD 版
ISBN 978-986-516-440-9(平裝)
1. 世界史 2. 通俗史話
711　109011483

這個謎，無解
細思極恐的 57 則世界謎團

臉書

作　　者：潘于真 著
發 行 人：黃振庭
出 版 者：崧燁文化事業有限公司
發 行 者：崧燁文化事業有限公司
E-mail：sonbookservice@gmail.com
粉 絲 頁：https://www.facebook.com/sonbookss/
網　　址：https://sonbook.net/
地　　址：台北市中正區重慶南路一段六十一號八樓 815 室
Rm. 815, 8F., No.61, Sec. 1, Chongqing S. Rd., Zhongzheng Dist., Taipei City 100, Taiwan (R.O.C)
電　　話：(02)2370-3310　　傳　　真：(02) 2388-1990
總 經 銷：紅螞蟻圖書有限公司
地　　址：台北市內湖區舊宗路二段 121 巷 19 號
電　　話：02-2795-3656　　傳　　真：02-2795-4100
印　　刷：京峯彩色印刷有限公司（京峰數位）

定　　價：320 元
發行日期：2020 年 8 月第一版
◎本書以 POD 印製